Sumario

ANDES ESPACIOS / OUTDOOR
305 / 7,90 €

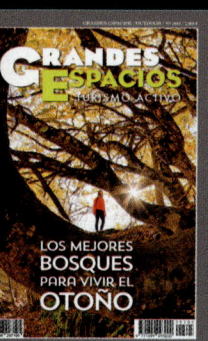

O DE PORTADA
ectacular haya centenaria en el
naico Valle de Arán, Lleida.
o:David / Adobestock.

 w.desnivel.com/grandesespacios

TA: Ediciones Desnivel S.L.
San Victorino nº 8 • 28025 Madrid.
913 602 242 • Fax: 913 602 264
ndesespacios@desnivel.com
w.desnivel.com

ector: DARÍO RODRÍGUEZ.
actora: EVA MARTOS.
ector de arte: GREGORIO ARRANZ.
licidad: MARÍA ÁNGELES TRUJILLO.
ribución: MARÍA JOSÉ SANTAMARÍA

rime: Nueva Imprenta. Papel ecológico
almente libre de cloro). Distribuye: SGEL.
ósito legal: M-39544-1995
: 1699-093000
N: 978-84-9829-719-5

scripciones
éfono: 91 360 26 20
rario de 9 a 16:00 h).
cripciones@desnivel.com
w.desnivel.com/suscripcion

EN ESTE NÚMERO

AF237928

En el corazón del Pirineo catalán, la comarca del Pallars Jussà se ha convertido en un referente nacional e internacional para los amantes de la astronomía y el turismo de estrellas, con dos reconocimientos Starlight otorgados por la UNESCO.

Las ruinas de la ermita románica de Sant Aleix de Serradell y los poblados de los alrededores, que tienen un sistema de iluminación controlado que favorece la observación del cielo nocturno.

EJOS de luces urbanas, con cielos limpios y estables, y con un paisaje que combina alta montaña, valles fluviales y un patrimonio histórico de gran valor, este territorio ofrece condiciones ideales para quienes desean contemplar el firmamento en todo su esplendor.

La comarca cuenta con dos reconocimientos *Starlight* otorgados por la UNESCO, convirtiéndolo en un destino único. Por un lado es una reserva *Starlight*, lo que implica que es un espacio natural protegido donde se establecen compromisos y normativas específicas para preservar la calidad del cielo y los valores naturales asociados. Están enfocadas principalmente a la conservación y la investigación científica. Y por otro lado es una Destinación Turística *Starlight*, lo que añade una dimensión social y turística: no basta con que el cielo sea excelente, sino que garantiza que el territorio disponga de infraestructuras, servicios y actividades divulgativas que permitan al público disfrutar de la contemplación del firmamento.

El Pallars Jussà tiene el privilegio de contar con dos zonas certificadas, ambas con la doble distinción de Reserva y Destina-

PIRINEO DE LLEIDA
EL PALLARS JUSSÀ
Destino privilegiado para el astroturismo

ción Turística. Una es la sierra del Montsec, cuyos bajos niveles de contaminación lumínica y condiciones atmosféricas excepcionales crean el escenario perfecto para contemplar el universo. Y la otra es el Parque Nacional de Aigüestortes i Estany de Sant Maurici, con cielos de una pureza extraordinaria en un entorno de alta montaña, que recientemente también ha recibido ambos reconocimientos, ampliando aún más la oferta astronómica de montaña del Pallars.

Parque Astronómico, Observatorio y miradores

En la vertiente del Montsec se ubican dos instalaciones complementarias. Por un lado el Parque Astronómico del Montsec (PAM), situado en Àger, es un centro de divulgación y difusión científica que pone a disposición del público un planetario digital llamado *Ojo del Montsec* y una cúpula de observación de 12 metros de diámetro. Ofrece exposiciones sobre astronomía y paisaje, talleres, visitas guiadas y proyecciones inmersivas. Y se complementa con el Observatorio Astronómico del Montsec, ubicado en el término de Sant Esteve de la Sarga. Inaugurado en 2010, forma parte del proyec-

FOTOS: TURISMO LLEIDA

to «Montsec Sostenible» y alberga el mayor telescopio de Cataluña (de 0,8 m de diámetro), bautizado *Joan Oró*. Su misión combina la investigación astronómica con la educación y la divulgación.

Toda la comarca cuenta también con puntos de observación privilegiados donde el patrimonio histórico y el cos-mos se encuentran. Entre ellos está el imponente Castell de Mur, antigua fortaleza medieval con torres defensivas que domina el paisaje, así como el Coll de Montllobar, lugar cercano a antiguas torres de vigilancia medievales. También ofrecen puntos de observación extraordinarios las ruinas medievales de Aramunt y la iglesia de Sant Miquel del Pui, bella muestra del arte románico altomedieval con un entorno que favorece la contemplación estelar sin interferencias lumínicas.

Además, en la Vall Fosca, hay una red de seis miradores (Capdella, Mare de Déu de Fa, Oveix, Beranui, Castell-estaó y Sant Quiri) que permiten gozar del espectáculo nocturno desde diferentes perspectivas, transitando por los caminos que unen los distintos puntos de observación.

Igualmente, dentro del programa *Descobreix el Jussà*, se ofrecen actividades que combinan el senderismo nocturno con la observación estelar.

WEBS PRÁCTICAS

- Web oficial de turismo del Pallars Jussà .... **www.pallarsjussa.info**
- Parque Astronómico del Montsec .... **www.parcastronomic.cat**
- Fundación Starlight .... **www.fundacionstarlight.org**
- Turismo en la Vall Fosca .... **www.vallfosca.net/es**
- Institut d'Estudis Espacials de Catalunya (IEEC) .... **www.ieec.cat**
- Empresa de actividades Celístia Pirineus .... **www.celistia.cat (@celistiap)**

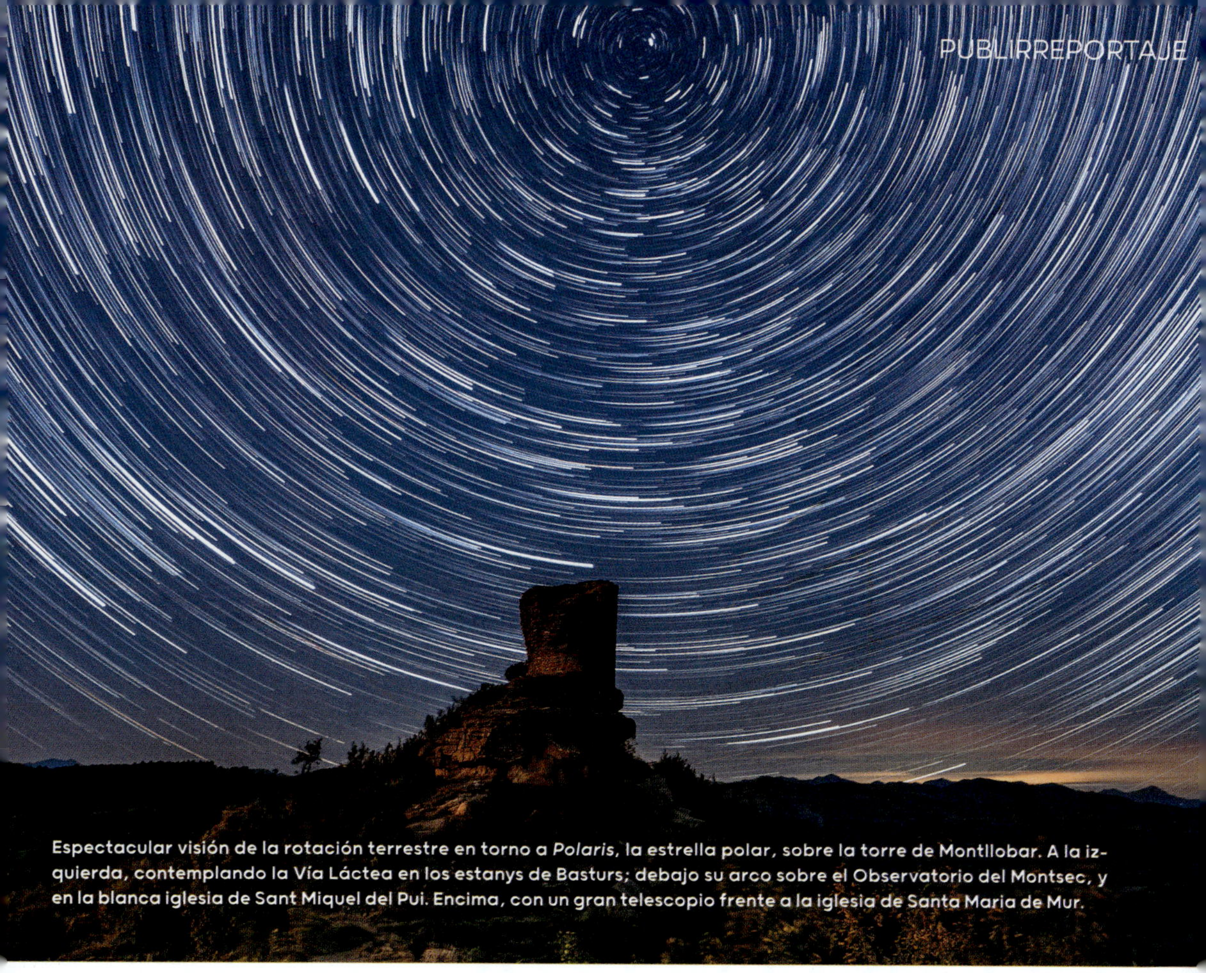

Espectacular visión de la rotación terrestre en torno a *Polaris*, la estrella polar, sobre la torre de Montllobar. A la izquierda, contemplando la Vía Láctea en los estanys de Basturs; debajo su arco sobre el Observatorio del Montsec, y en la blanca iglesia de Sant Miquel del Pui. Encima, con un gran telescopio frente a la iglesia de Santa Maria de Mur.

Las estrellas de otoño

El otoño es una época privilegiada para disfrutar de paseos bajo el cielo del Pallars Jussà. Rutas sencillas, como los senderos en torno a los lagos de Basturs, el entorno de los pueblos o los caminos que enlazan los ya citados miradores de la Vall Fosca, permiten combinar la calma del paisaje con la observación de las estrellas y los fenómenos nocturnos.

En esta estación destacan constelaciones como el caballo alado de de Pegaso, la fácilmente reconocible «W» de Casiopea, el conjunto de las Pléyades o la galaxia de Andrómeda, que se observan con gran claridad desde múltiples lugares de la comarca. Para quienes buscan una experiencia más completa, empresas especializadas, como Celístia Pirineus, organizan observaciones a medida, con guías especializados que ayudan a interpretar el firmamento y descubrir los secretos del cielo.

También el Parque Nacional de Aigüestortes i Estany de Sant Maurici cuenta con caminos adaptados para visitantes, itinerarios entre lagos, refugios de alta montaña, pasarelas y una red interpretativa que permite combinar senderismo diurno y contemplación astronómica en noches limpias.

El astroturismo en el Pallars Jussà no solo ofrece la posibilidad de contemplar estrellas, planetas y fenómenos celestes en condiciones óptimas, también permite conectar con el entorno natural de forma sostenible y respetuosa.

Cada noche, la comarca se convierte en un observatorio natural que invita a levantar la mirada y maravillarse ante la inmensidad del cosmos, recordándonos nuestra conexión con el universo.

Más información:

www.aralleida.com

Impresionantes vistas desde el *Forat* de la Sierra de Bèrnia. A la derecha, de arriba a abajo, otras de las muchas alternativas de la zona: paseo ecológico, ciclismo de carretera, la ruta del Riberers y buceando.

BENISSA
El secreto mejor guardado de la Costa Blanca

COMIENZA TU AVENTURA

Entre la montaña y el mar, Benissa se revela como un destino singular de la Comunidad Valenciana, donde el deporte y la naturaleza se unen. Lejos del turismo masivo, este enclave mediterráneo apuesta por un modelo más auténtico y sostenible, en el que la aventura y la cultura se viven con los cinco sentidos.

DONDE la montaña se funde con el mar y el sol ilumina 300 días al año, Benissa emerge como uno de los rincones más auténticos de la Costa Blanca. No es un destino de masas ni un decorado de postal repetida: es un territorio donde naturaleza, deporte y cultura se entrelazan para ofrecer una experiencia de viaje diferente, más consciente y cercana a la esencia mediterránea.

En este municipio alicantino, el mar y la montaña conviven a escasos minutos de distancia. Benissa es naturaleza viva. Es recorrer la Sierra de Bèrnia, con su imponente muralla

natural, cruzar el *Forat* y contemplar el mar desde las alturas. Frente a sus playas escondidas, como la cala Llobella, las aguas cristalinas invitan al snorkel o al kayak, deportes que permiten explorar una costa abrupta que mantiene aún la huella intacta del Mediterráneo más salvaje.

El sello **#BenissaNaturSport** resume esa vocación: apostar por un turismo deportivo sostenible que combina la calidad de las instalaciones con una red de más de 30 rutas señalizadas para disciplinas tan diversas como el trail running, la BTT, el ciclismo de carretera, la equitación o incluso el snorkel. Todas ellas equipadas con una señalética clara, mapa de rutas renovado, equipamiento actualizado y experiencias adaptadas a todos los niveles. Este enfoque integral convierte al municipio en un espacio preparado tanto para el reto personal como para la aventura compartida en familia.

Sabores, historia y paisajes que emocionan

Benissa es también un lugar donde se vive despacio, se saborea la tierra y se respira autenticidad. El calendario deportivo, con pruebas consolidadas como La Perimetral, el Entrecales o el trofeo náutico del CN Les Bassetes, refuerza su atractivo durante todo el año y contribuye a algo clave en la estrategia local: romper la estacionalidad que tradicionalmente ha marcado el turismo mediterráneo.

Pero Benissa es mucho más que un escenario para la actividad física. Su centro histórico, de calles empedradas y casonas blasonadas, recuerda la importancia que tuvo en la época medieval y moderna como enclave de comerciantes y señores. Pasear por esas calles es también detenerse en pequeñas ermitas, en portales de piedra que parecen resistir al tiempo o en plazas donde la vida cotidiana fluye al ritmo pausado del interior.

La gastronomía completa la experiencia: arroces marineros, productos de la huerta y elaboraciones tradicionales se combinan con propuestas enogastronómicas que fusionan vino, cultura y paisaje. Aquí, la mesa no solo alimenta, sino que narra una historia de identidad y territorio.

En un litoral donde el turismo se ha transformado en espectáculo masivo, Benissa apuesta por un modelo diferente, más íntimo y sostenible. No es solo un destino, sino una manera de viajar más consciente, más libre, más activa. Es vivir el Mediterráneo con los cinco sentidos. Y, sobre todo, es el lugar donde tu aventura comienza.

BENISSA en cifras:

- +300 días de sol al año.
- 4 km de litoral con espectaculares calas.
- +28 rutas deportivas segmentadas.
- +10 eventos deportivos anuales.
- 19°C de temperatura media.
- 100% turismo sostenible e inclusivo.

Parque Natural del Peñagolosa

PRIVILEGIADO DESTINO SENDERISTA

En el corazón montañoso de la provincia de Castellón aguarda Penyagolosa: un territorio de senderos que serpentean entre bosques, barrancos y ríos, pasando por pueblos con huellas medievales, todo envuelto en una naturaleza serena.

EL Parque Natural del Peñagolosa (o Penyagolosa en valenciano), con su macizo y su emblemático pico homónimo de 1813 metros sobre el nivel del mar, es un referente para los amantes del montañismo en la Comunidad Valenciana, y cada vez el de más personas. Ubicado al norte del interior de la provincia de Castellón -la segunda más montañosa de nuestro país-, con una extensión de 1095 hectáreas, ofrece un destino perfecto para todas aquellas personas que disfrutan poniéndose las botas para caminar y reconciliarse con la naturaleza en su estado más puro.

En este Parque Natural los paisajes están conformados por amplios bosques y barrancos en los que sobresalen especies como el pino negral y pino albar, el tejo o el roble valenciano. Lugares que aún conservan la esencia de los parajes vírgenes, y que son hábitat del gato montés, el corzo, la mariposa isabelina o el murciélago troglodita. Y también de grandes rapaces, como el águila real, el águila perdicera y el búho real.

En este ambiente idílico, la huella del hombre se concentra especialmente en tres municipios del parque natural: Vistabella del Maestrat, Chodos y Villahermosa del Río. Vistabella posee diferentes

FOTOS: COMUNITAT VALENCIANA

Arriba, aguas turquesas del río Carbo, que pertenece al municipio de Villahermosa del Río, el cual vemos arriba, enclavado entre montañas. Y debajo, casas del pueblo de Chodos (Xodos en valenciano) encaramadas al peñasco, con las ruinas de su castillo medieval. Pág. izda, una de las muchas pequeñas aldeas que salpican el macizo del Peñagolosa.

Bienes de Interés Cultural, entre los que destaca el Santuario de Sant Joan de Penyagolosa, construcción de origen medieval que es el centro místico y espiritual más importante de la provincia, a la que llegan peregrinaciones tan conocidas como la de los "Pelegrins de les Useres".

Chodos es un pequeñito pueblo de calles empinadas y que se encaraman a la muela junto al río Alcalatén, con su castillo de origen medieval y su iglesia parroquial, de estilo gótico, dedicada a San Pedro.

Villahermosa del Río está rodeada por montañas de más de 1500 metros de altitud, con vistas al Penyagolosa y la sierra de la Batlalla, y punto de partida hasta la cascada del río Carbo.

Lo mejor es que el corazón del Parque Natural se puede recorrer a fondo gracias a sus rutas y senderos homologados. Como la exuberante ruta que se adentra por el barranco de la Pegunta, repleta de tesoros botánicos autóctonos. Los senderos señalizados que buscan, entre masías abandonadas y antiguas sendas de pastor, la frescura y los rincones más salvajes de los ríos Montlleó y Carbo. O el de la ascensión al colosal Penyagolosa.

Entre todo este espectáculo natural hallaremos una estupenda red de alojamientos rurales que invitan a contactar con las raíces y la vida plácida, y de restaurantes para degustar la sabrosa gastronomía tradicional de la zona.

Más info en:

COMUNITAT VALENCIANA

www.comunitatvalenciana.com

Los hayedos –como este de Tejera Negra– son los indiscutibles reyes del otoño, con sus colores encendidos salpicados de hojas aún verdes, que parecen sacados de un cuento.

OTOÑO
SIEMPRE BIENVENIDO

Recibimos de brazos abiertos la estación del asombro, ese tiempo en que los bosques se visten de dorados, ocres y naranjas para ofrecernos, una vez más, el inigualable espectáculo del otoño. En esta edición recorremos algunos de los mejores lugares para vivirlo en plenitud: el abedular de **Canencia,** en Madrid, donde el aire se vuelve cristalino; el **hayedo de Tejera Negra,** en Guadalajara, uno de los más meridionales de Europa; el **hayedo del Moncayo,** que extiende su alfombra rojiza entre Zaragoza y Soria; los **encinares y quejigos de la Tinença de Benifassà,** en el Castellón más salvaje; y hasta cinco bosques del **pirenaico Val d'Aran,** en Lleida, donde las hojas van cayendo con el viento de las montañas.

Pero este viaje no se detiene solo en la contemplación: también queremos mirar hacia los territorios que este verano sufrieron incendios y hoy se esfuerzan por rebrotar. Hemos querido acompañar y dar voz a las iniciativas de revitalización forestal y social que están impulsando las distintas comunidades, especialmente en esta estación. Así, nos adentraremos —a pie y en bicicleta— por la **Ribeira Sacra gallega,** los **bosques del Bierzo leonés** y el **Valle del Ambroz cacereño,** inspiradores lugares en los que el otoño renace con toda su magia entre setas, castañas y esperanza.

EL ABEDULAR DE CANENCIA

Esta es una propuesta corta y de dificultad sencilla, pero de alto valor dada la singularidad de este bosque en la Comunidad de Madrid, pues el abedul, que nos regala unos intensos colores amarillos en otoño, suele vivir en latitudes más septentrionales. El paseo recorre una senda botánica en la que también encontraremos tejos y acebos, ubicada en plena Sierra de Guadarrama y en concreto en la vertiente norte del puerto de Canencia, junto al río Sestil y su fotogénica Chorrera de Mojonavalle. // Texto: Redacción GE. Fotos: varios autores

Los colores otoñales del abedular de Canencia, con su luz dorada y el rumor de sus riachuelos, no tiene nada que envidiar a los más célebres hayedos.

E N la vertiente norte del puerto de Canencia, siguiendo el curso del arroyo Sestil, se esconde uno de los rincones más singulares de la Comunidad de Madrid: un pequeño pero valioso bosque de abedules. Estos árboles, de tronco plateado y aspecto frágil, son más habituales en climas del norte de Europa y resultan excepcionales en la Sierra de Guadarrama. Su presencia aquí constituye un auténtico relicto botánico, superviviente de épocas más frías.

El sendero que recorre este enclave permite admirar a los abedules, cuyas copas se tiñen de un amarillo intenso en otoño, y además descubre a quienes lo recorren otras especies emblemáticas, como tejos centenarios, acebos protegidos y álamos temblones.

A lo largo de la ruta, el visitante se topa con elementos de interés natural e histórico, como la Fuente de la Raja (de donde parte el camino), antaño muy frecuentada por pastores y caminantes, o una choza pastoril rehabilitada siguiendo las técnicas tradicionales de piedra y retama. El itinerario es un mosaico de historia, botánica y paisaje, un espacio donde la montaña muestra su rostro más amable

Por la senda botánica

La ruta comienza en el propio puerto de Canencia, donde conviene madrugar para encontrar sitio en el aparcamiento (especialmente las jornadas de buen tiempo, en las que su atractiva área recreativa suele llenarse los fines de semana). Este puerto es uno de los pasos de montaña que cruzan la sierra madrileña, ubicado a los pies de la Sierra de Morcuera, con una cota de 1524 m.

Tras cruzar la carretera, el sendero arranca por una pista forestal que coincide con el GR-10, el gran sendero que cruza la península de este a oeste. Entre pinos albares –herederos de las repoblaciones forestales de finales del XIX y comienzos del XX– asoman los primeros abedules, cuya silueta blanca destaca entre la vegetación.

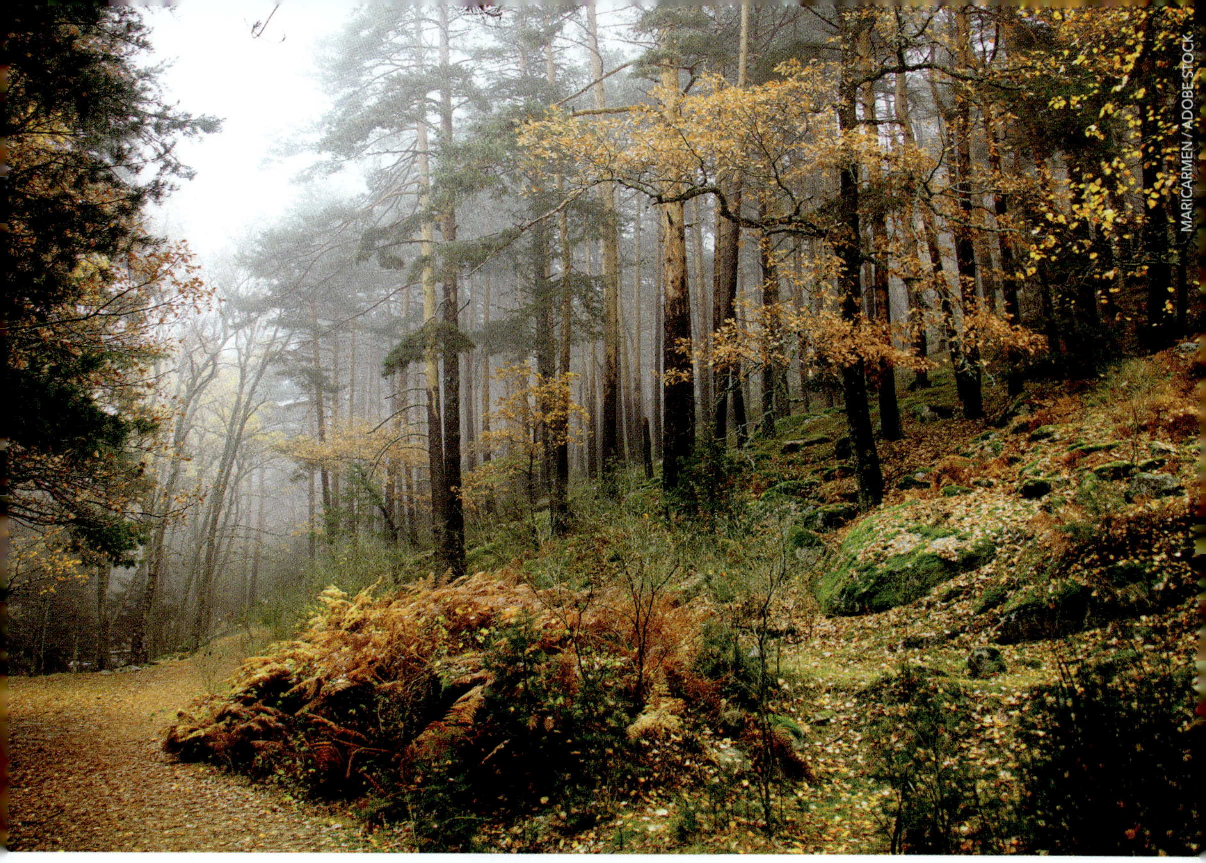
MARICARMEN / ADOBE STOCK

El agua del arroyo del Sestil del Maíllo —afluente del Río Lozoya— fluye entre raíces y rocas, mientras que en los bosques los abedules y robles de hoja caduca que se colorea en otoño, comparten espacio con altos pinos y algunos tejos centenarios, de verdor perenne en todas las estaciones.

JOSEMIGUELSANGAR / ADOBE STOCK

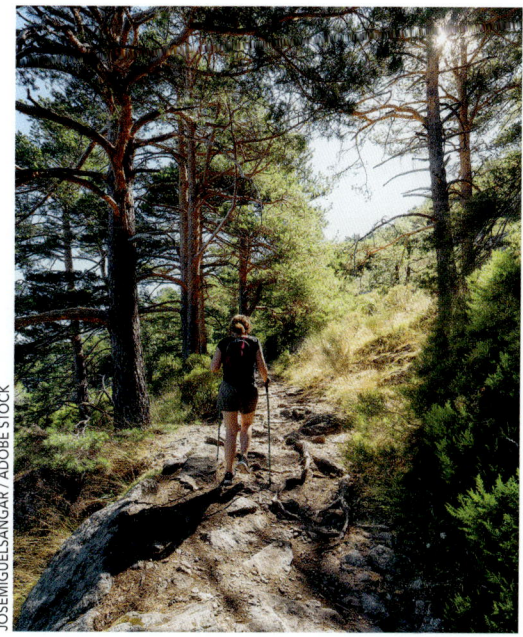

Enseguida llegamos a una barrera que impide el paso a los vehículos pero no a los peatones. Entre los pinos vemos como se aleja la carretera que baja hacia el pueblo de Canencia. Estos pinos albares -o de Valsaín- son herederos de los que se utilizaron para repoblar esta parte de la sierra entre finales del siglo XIX e inicios del XX. Entre ellos aparecen algunos árboles de tronco blanquecino que más adelante se nos harán más familiares: los abedules. A mano derecha se ha rehabilitado una choza pastoril, construida con como se hacia tradicionalmente, con piedra y tejado de retama.

Unos 400 metros más adelante se llega al mirador del Norte, un pequeño balcón natural con amplias vistas sobre la sierra, equipado con un banco de madera. Pasado el mirador, comienzan a verse los primeros ejemplares de abeto de Douglas (*Pseudotsuga menziesii*): una especie originaria de Norteamérica, que fue introducida en Europa en el siglo XIX por el botánico escocés

El ABEDUL,
árbol de luz y vida

El abedul (*Betula alba*) es un árbol esbelto y elegante, fácilmente reconocible por su corteza blanca que se desprende en finas láminas, sus ramas flexibles y su copa ligera que deja filtrar la luz. Sus hojas, pequeñas y triangulares, se tornan de un amarillo intenso en otoño, creando paisajes de gran valor estético. Es una especie propia de regiones frías y húmedas, muy común en los bosques boreales de Europa, Asia y Norteamérica, pero en la península ibérica solo crece de forma natural en la cornisa cantábrica y en enclaves frescos de montaña como Canencia, donde encuentra en la humedad del arroyo Sestil un refugio ideal.

A lo largo de la historia, el ser humano ha aprovechado sus cualidades de múltiples maneras. Su madera, clara, ligera y de grano fino, se ha utilizado en carpintería, en la fabricación de utensilios domésticos y en trabajos de tornería. La medicina tradicional le otorgó también un papel destacado: la savia se empleaba como depurativo y diurético, mientras que la corteza y las hojas eran remedios habituales contra los dolores articulares, tal y como recogía el botánico Pío Font Quer en su obra de referencia *Plantas Medicinales: el Dioscórides Renovado (1961)*.

En algunos lugares hoy en día se consume la savia como bebida dulce y fermentada, semejante a la sidra. Ejemplo de ello es la firma de emprendimiento española *La savia del abedul* (www.lasavia.es) que recolectan en el Parque Natural de Las Ubiñas-La Mesa (Asturias), a la que aplican procesos artesanos -combinando la savia con otros ingredientes como limón, jengibre o arándano- para obtener una bebida natural y sostenible.

Desde el punto de vista ecológico, el abedul desempeña una función esencial como especie pionera, ya que mejora el suelo, favorece la entrada de luz y crea las condiciones necesarias para que prosperen otras especies forestales. De esta manera, el abedul no solo aporta belleza al paisaje y recursos útiles al ser humano, sino que también actúa como un auténtico aliado del bosque.

FOTOS: ADOBE STOCK

LASAVIA.ES

Aunque los abedules son la estrella de la Senda Botánica, también se pueden ver otros árboles singulares como los tejos, con ejemplares de hasta 500 años. Abajo, la Fuente de la Raja, punto de partida de este recorrido.

David Douglas. Su crecimiento rápido y su madera resistente hicieron que se plantara en distintas sierras de España como ensayo forestal.

Poco después de una bifurcación, que resolvemos siguiendo por el ramal de la derecha, llegamos a un edificio en claro abandono: es el albergue El Hornillo, que ya no se utiliza como tal. Al lado hay un merendero techado, un lugar perfecto para detenernos a tomar un tentempié. Justo aquí comienza la Senda Botánica propiamente dicha, bien balizada y fácil de seguir.

Solo empezar a caminar por ella aparecen varios ejemplares de abedul de gran tamaño, que se van haciendo más abundantes según avanzamos. Junto a ellos, crecen brezos, enebros y los característicos melojos, un tipo de roble de hoja lobulada. En una curva del camino surge la silueta oscura y solemne de un tejo (*Taxus baccata*), árbol venerado en muchas culturas. Su longevidad (puede superar los 1000 años) y la toxicidad de sus hojas lo convirtieron en un árbol rodeado de misterio. Es también una especie muy apreciada por su madera, extremadamente dura, que fue utilizada durante siglos para fabricar arcos de guerra.

Nuestra ruta desciende en línea recta entre los pinos, acebos y tejos acercándonos a otro de los

Choza pastoril rehabilitada siguiendo las técnicas tradicionales de piedra y retama, al inicio de la senda.

platos fuertes de la excursión: la chorrera de Mojonavalle, una fotogénica catarata que forma el arroyo del Sestil al descender por las rocas. Para contemplarla en toda su plenitud, hay que subir al Mirador de la Chorrera por la pequeña escalinata que arranca a la izquierda del sendero, junto a un panel indicador. Las épocas más propicias para verla son la primavera y los otoños lluviosos.

Continuamos la excursión cambiando de dirección y yendo a la búsqueda del arroyo del Sestil. Llegamos así a un cruce. Si seguimos el ramal de la derecha acortaremos la jornada y llegaríamos rápidamente al mirador del Norte, una opción si queremos hacer la ruta más corta. Continuamos por el ramal de la izquierda que llega al arroyo del Sestil y lo cruza por un puente de losas para seguir descendiendo por su ribera izquierda. Aquí veremos aparecer los acebos que, junto con los tejos, forman el contrapunto verde y perenne del bosque invernal. Ambas especies,

por su singularidad y escasez, están protegidos. El camino termina en la M-629. Hay que continuar hacia la derecha por el asfalto unos 350 metros. Al pasar una curva a derecha encontraremos a la derecha un senderillo que asciende, gira, se adentra de nuevo en el bosque y llega al cruce de senderos que ya conocemos. Ahora hay que tomar el ramal que sube hacia la izquierda y que desemboca en el punto de partida, cerrando así un recorrido circular de gran belleza. 🍁

DATOS PRÁCTICOS

COMIENZO:
puerto de Canencia M-629.
TIPO: circular.
LONGITUD : 6,50 km.
DESNIVEL: +225 m.
MAPAS: hoja 484-3 del IGN. 1:25 000.
ÉPOCA ACONSEJADA: otoño y primavera.
TRACK: https://desni.in/abedulescanencia

Las hojas caídas de las hayas tapizan el suelo de cobre, mientras las que se mantienen en las copas ayudan a filtrar la luz, formando unos claroscuros suaves que reducen la evaporación y mantienen un microclima fresco y húmedo en el interior del hayedo.

SIERRA DE AYLLÓN, GUADALAJARA

HAYEDO DE TEJERA NEGRA, A PIE Y EN BICI

Imprescindible visita otoñal a este singular hayedo, uno de los más meridionales de Europa, y de los pocos declarados Bien Natural Patrimonio de la Humanidad. Su elevada afluencia en otoño obliga a reservar previamente la visita. Aquí te proponemos dos formas de recorrerlo: caminando por la senda ecológica o en bici por el valle del río Zarzas, ambas de dificultad moderada, perfectas para una excursión en familia. // Texto: Redacción GE. Fotos: varios autores

Además de las predominantes
hayas, en el bosque también
podemos encontrar robles melojos,
serbales, acebos, abedules y tejos,
que en otoño conforman un paisaje
de vibrantes colores.

EL hayedo de Tejera Negra fue el germen del actual Parque Natural de la Sierra Norte de Guadalajara. Situado en el extremo septentrional de la provincia, y compartiendo latitud con otros bosques como Montejo, Riofrío de Riaza y Puertos de Beceite, forma parte de los hayedos más meridionales de Europa. Desde 1978 disfruta de figura de protección, y en 2011 fue incorporado al Parque Natural de la Sierra Norte como Zona de Protección Especial. Además, pertenece al reducido grupo de hayedos europeos declarados Bien Natural Patrimonio de la Humanidad.

La singularidad del hayedo de Tejera Negra no radica en su tamaño, sino en su ubicación: es un relicto de climas más fríos que se mantuvo en un microhábitat favorable en el centro peninsular. Tras la última glaciación, hace unos 18.000 años, las hayas se expandieron ampliamente por la Península, pero con el ascenso de las temperaturas fueron retrocediendo hasta refugiarse en enclaves húmedos como este. Aunque el bosque fue talado por completo en sendas ocasiones (siglos XIX y XX), se regeneró a partir de los tocones. Solo en algunas zonas hay ejemplares de más de 300 años, mientras que las hayas actuales son en su mayoría jóvenes. Además de las hayas, el bosque cuenta con robles (desde la entrada y en las laderas), tejos —más abundantes en el pasado—, abedules, serbales, arces y olmos, que otorgan una paleta de colores especialmente vistosa en otoño.

A PIE: Senda de Carretas

Para visitar el hayedo, el recorrido más habitual que se encuentra acondicionado es la llamada Senda de Carretas. Recibe ese nombre porque era la vía por la que antiguamente bajaban los carros cargados con los robles y hayas que entresacaban del bosque, transportándolos por caminos hasta Cantalojas y otros pueblos cercanos.

gran diversidad de especies que encuentran refugio en este bosque o en sus dos ríos, el Lillas y el Zarzas.

El primer tramo bordea el río Lillas, pasando por praderas con abedules, majuelos, brezos y rosales silvestres. Más adelante, el sendero se aleja del cauce para internarse en robledales con hayas dispersas. Tras cruzar el arroyo de las Carretas por un puente de madera, se encuentra una reconstrucción de una carbonera tradicional, con paneles que explican el proceso de producción del carbón vegetal.

El sendero continúa ascendiendo bajo las copas de las hayas, y donde también podremos ver varios tejos de buen porte, hasta llegar a la pradera de Matarredonda. Desde aquí se obtienen vistas espectaculares del hayedo que se extiende por la cabecera del valle del río Lillas, y de la cresta de cuarcitas que lo cierra, presidida por el pico de La Buitrera (2044 m).

Tras haber recorrido aproximadamente un kilómetro desde el collado de Matarredonda, veremos un tejo centenario y, unos 200 m más adelante, llegaremos al enlace de la senda de Carretas con la senda del Robledal, que desciende desde el Collado del Hornillo situado a 1 km de este punto. El último tramo del trayecto, que nos conectará nuevamente con el punto de inicio, atraviesa zonas repobladas. Estos pinares, plantados a mediados del siglo XX con gran densidad, están siendo hoy objeto de labores de aclarado para permitir que la luz pe-

La senda comienza en el aparcamiento del Casarejo, ubicado al final de la pista forestal que parte de Cantalojas, donde en temporada alta –que es en otoño– resulta imprescindible reservar plaza. Tiene un carácter circular, con una longitud aproximada de 6 a 6,5 km y un desnivel acumulado de alrededor de 220 m, lo que lo hace de dificultad moderada-baja. A lo largo del trayecto se han colocado ocho paneles interpretativos que explican la flora, fauna, historia antropogénica y los servicios ecológicos que ofrece el bosque. Podrás descubrir la

SENDA ECOLÓGICA DE CARRETAS (A PIE)

COMIENZO: aparcamiento del Casarejo.

TIPO: circular.
DISTANCIA: 6,3 km.
DESNIVEL: +225 m.
TIEMPO: 1,30 h aprox.
TRACK: https://desni.in/hdyet

El pico de la Buitrera

Este pico que domina sobre el hayedo, con unos 2045 m de altitud, es una de las montañas más destacadas de la sierra de Ayllón. En su vertiente oriental se conforma un semicírculo de crestas escarpadas donde nacen los ríos Lillas y Zarzas. Su alineación forma parte de la cresta de las Beceras, que se extiende entre la Mesa Peñota y la Peña de la Tiñosa. En las faldas de La Buitrera crecen hayas que conectan con Tejera Negra, mientras que en la cima predominan cardos y matorrales. La Sierra de Ayllón a la que pertenece este pico es parte del extremo oriental del Sistema Central, marcada por relieves abruptos, cuarcitas y pizarras. En ella destacan otras cumbres vecinas como el Pico del Lobo (2269 m), la Peña Cebollera Vieja (2128 m) o el Ocejón (2046 m).

netre y favorezca la regeneración natural de robles y hayas. El objetivo es lograr, con el paso del tiempo, un bosque mixto de frondosas y coníferas, más diverso, resistente y mejor adaptado a las condiciones cambiantes del clima.

Otra buena alternativa para recorrer este paraje, para la que no es necesario reservar plaza en el aparcamiento, es la Senda del Robledal, que se une a la Senda de Carretas en el interior del hayedo; más información sobre este recorrido en el artículo publicado en la revista *Grandes Espacios* nº 275.

Las faldas del Pico de la Buitrera también se visten de ocres en esta estación. A la izquierda, las copas de las majestuosas hayas, que pueden alcanzar fácilmente entre 20 y 30 metros de altura. Y uno de los tramos de la ruta por el valle del río Zarzas en bici.

EN BTT: por el valle del río Zarzas

La propuesta para la bici comienza en el Centro de Visitantes del Parque Natural, un excelente punto de partida donde es posible obtener mapas, folletos y toda la información necesaria sobre el itinerario. Antes de iniciar la marcha conviene dedicar unos minutos a observar las

TEINE / ADOBE STOCK

Usos de la madera de haya

La madera de haya ha sido históricamente muy valorada por su dureza, homogeneidad, facilidad de trabajo y su función en herramientas, mobiliario, carpintería y construcción. En muchas regiones europeas, el haya permitió construir muebles de calidad, instrumentos musicales y piezas torneadas finas. Actualmente se conserva su uso en ebanistería, utensilios artesanales y como componente de biomasa sostenible.

Además, los bosques de haya tienen un papel esencial en la regulación hídrica, fijación de carbono y mantenimiento de suelos, y albergan comunidades biológicas muy especializadas, con numerosas especies de hongos, musgos e insectos que requieren condiciones de humedad y sombra constantes.

TURISMO DE GUADALAJARA

maquetas y paneles interpretativos del centro, que ayudan a entender la riqueza ecológica de la zona y la historia humana ligada a estos montes.

El primer tramo transcurre por una pista forestal asfaltada que desciende suavemente entre bosquetes y praderas hasta alcanzar el río Lillas, cuyo murmullo nos acompañará gran parte del recorrido. Lo cruzamos por un puente de hormigón que salva su cauce. Si optamos por realizar el recorrido en sentido horario —la forma más aconsejable por la pendiente y la orientación—, debemos girar a la izquierda tras el puente para pasar una barrera metálica y continuar por una pista de tierra que se adentra en el valle del Zarzas.

A partir de aquí, la pista gana altura de manera progresiva por la margen izquierda del río, entre praderas salpicadas de espinos y majuelos y los restos de antiguas taínas de pizarra, pequeñas construcciones pastoriles donde antaño se refugiaba el ganado. En los alrededores se suceden robledales *(Quercus pyrenaica)* y pinares de repoblación de pino silvestre *(Pinus sylvestris)*.

Tras cruzar el arroyo del Hornillo, la pista se empina notablemente en un corto tramo de fuerte pendiente. Luego el desnivel se suaviza y entramos en un paisaje más umbrío donde robles y hayas se entremezclan, dando paso a rincones de gran belleza. Aquí pueden observarse algunos ejemplares de haya de notable porte y avanzada edad, supervivientes de antiguos aprovechamientos forestales.

RUTA POR EL VALLE DEL RÍO ZARZAS (BTT)

COMIENZO: Centro de Visitantes del Parque Natural de Cantalojas.

TIPO: circular. **DISTANCIA:** 21 km.

DESNIVEL: +396 m.

TIEMPO: 1,30 h aprox.

TRACK: https://desni.in/3gkqn

La subida culmina en el Collado del Hornillo, un enclave panorámico que invita a detenerse y disfrutar del paisaje. Desde este punto se domina una vista espectacular de los valles del Zarzas y del Lillas, con sus laderas cubiertas de hayedos, robledales y pinares, los prados que alfombran el fondo del valle y los abedulares plateados que escoltan los arroyos. Al fondo se elevan las crestas de la Sierra de Ayllón, con sus cumbres que rozan los dos mil metros de altitud.

Desde el collado iniciamos el descenso por una pista forestal ancha y cómoda. Durante aproximadamente tres kilómetros, el recorrido coincide con la Senda del Robledal, perfectamente señalizada con balizas verdes. Continuamos otro kilómetro más de bajada hasta enlazar con la pista forestal principal, que discurre paralela al río Lillas y comunica el Centro de Visitantes con el aparcamiento del Casarejo. Este tramo también es utilizado por vehículos a motor, por lo que conviene caminar con precaución y mantenerse siempre en el margen. 🍁

El hayedo de Tejera Negra está modelado en buena parte por el curso del río Lillas y su afluente principal, el río Zarzas, que serpentean entre las laderas del valle y aportan vida al rico ecosistema. A la izquierda, una de las carboneras que se usaban para elaborar carbón vegetal a partir de la leña de haya, que hoy se conservan como testimonio etnográfico de los oficios tradicionales que convivieron en equilibrio con el bosque

ADVERTENCIAS

- **Acceso limitado**: Es necesario reservar plaza para el aparcamiento del Casarejo, inicio de la senda de Carretas, durante todo el año a través de la web: https://hayedotejeranegra.castillalamancha.es

- **Actividad ganadera**: En algunos tramos el itinerario discurre por zonas de actividad ganadera. Los perros han de ir siempre atados y debemos evitar generar molestias a las vacas y dejar cerrados los zarzos que atravesemos. Si nos encontramos con algún mastín, recordar que están guardando el rebaño y no debemos interactuar con ellos, tampoco gritar ni correr . Si vamos en bici, lo más recomendable es desmontarnos, mantener la calma y dar un rodeo de un mínimo de 25 metros, alejándonos de ellos.

- **Respeta** el entorno, no dejes ninguna huella de tu paso.

MACIZO DEL MONCAYO, ZARAGOZA Y SORIA

EL HAYEDO
DEL MONCAYO

Entre las laderas del Moncayo, donde Aragón y Castilla funden
sus fronteras, el bosque se une en un mismo latido, con los hayedos
de Peñarrajada, Peña Roya y Barranco del Apio compartiendo la
magia otoñal. En su corazón, la Arboleda Singular del Hayedo del
Moncayo custodia los ejemplares más antiguos, símbolo vivo
de este paisaje común que cada otoño se viste de luz y colores.

//Texto: REDACCIÓN GE. FOTOS: VARIOS AUTORES.

Atardecer en el macizo del Moncayo, con los bosques rojizos del otoño y las primeras nieves en su cumbre.

EL Moncayo, también conocido como Cerro de San Miguel, es la cumbre más alta del Sistema Ibérico, un gigante de roca y viento que alcanza los 2315 metros de altitud y domina el horizonte entre Zaragoza (Aragón) y Soria (Castilla y León). Esta montaña funciona como una auténtica frontera natural: su vertiente norte, abierta a los vientos atlánticos, atrapa la humedad que da vida a bosques frondosos y hayedos, mientras que su vertiente sur, más expuesta al sol, desciende hacia un paisaje seco y mediterráneo de encinas y matorrales. En torno a su núcleo se extiende el Parque Natural del Moncayo, declarado en 1978 y ampliado en 2007, con más de 11.000 hectáreas de montes, barrancos y praderas de altura repartidos entre municipios como Tarazona, San Martín de la Virgen del Moncayo, Añón, Purujosa, Talamantes, Litago, Lituénigo, Trasmoz o Calcena. Este espacio protegido, integrado además en la Red Natura 2000 como ZEC y ZEPA, alberga una sorprendente diversidad de hábitats —desde los mediterráneos hasta los de alta montaña— donde conviven una rica flora, fauna y micobiota, reflejo de esa dualidad entre lo seco y lo húmedo, entre el cierzo y la niebla.

En este escenario de contrastes, donde los valles áridos del Ebro se alzan hacia las nieblas del norte, el hayedo del Moncayo ocupa un lugar privilegiado y casi milagroso. En la vertiente húmeda del macizo, entre los 1.200 y 1.500 metros de altitud, las hayas encontraron un refugio improbable: un rincón de clima atlántico en mitad del corazón seco de Aragón. Allí, el bosque respira la humedad de los vientos que ascienden desde el noroeste y se condensan en las laderas, envolviendo los troncos en niebla y manteniendo el suelo fresco incluso en verano.

Bajo el dosel de las hayas, el aire se vuelve más denso, más silencioso. En primavera el verde es tan intenso que parece emitir luz propia; en

El pueblo de Vozmediano, en la vertiente soriana del Moncayo –en el que sobresale su castillo, que data de mediados del siglo XII– es un buen punto de partida para visitar el hayedo de Peñarraja (abajo).

otoño, el bosque se incendia en ocres, dorados y cobres, y la tierra se cubre de hojas crujientes. Junto a las hayas crecen acebos, tejos, abedules, serbales y fresnos, y en los claros húmedos prosperan brezos, helechos y musgos. Este hábitat tan delicado, que necesita sombra, suelo profundo y lluvias generosas, sobrevive aquí gracias al microclima que la montaña impone.

Vertientes aragonesa y castellana

El hayedo se reparte en distintos sectores: en la vertiente aragonesa, el hayedo de Peña Roya, que desciende desde la Fuente del Sacristán, es el más extenso y visitado; en la vertiente soriana, el hayedo de Peñarrajada, cerca de Aldehuela de Ágreda, guarda una belleza más silenciosa, donde las hayas se mezclan con robles y pinos en una transición suave hacia el bosque mediterráneo. Ambos forman parte de una misma franja húmeda que envuelve la cara norte del Moncayo, aunque cada uno ofrece su

propio carácter: el primero más umbrío y cerrado, el segundo más luminoso y sereno.

El hayedo prospera en un entorno donde la media anual de precipitaciones ronda los 900 milímetros, cifra excepcional en el contexto del valle del Ebro. Esta humedad constante —sumada a los suelos frescos y profundos y a la orientación septentrional del monte— ha permitido mantener un ecosistema de carácter atlántico. Su estructura actual es fruto de siglos de aprovechamiento tradicional: entresacas y podas de trasmocho que han modelado el bosque en forma de mosaico, con hayas centenarias y nuevos brotes que ocupan los huecos de las viejas.

Según estudios realizados en la turbera de Agramonte, las hayas comenzaron a dominar el paisaje del Moncayo hace unos 6000 años, desplazando progresivamente a los abetos y robles que poblaban la zona. Con el paso del tiempo y la acción humana —leñas, pastoreo y carboneo—

el paisaje derivó hacia una dehesa, término con el que aún se conoce el monte ("Dehesa del Moncayo"). Pese a esa presión, la haya resistió, refugiada en las umbrías más húmedas y altas.

El otoño es, sin duda, el momento más mágico para visitar el Moncayo: entre octubre y noviembre, el hayedo se convierte en una paleta viva de amarillos, cobres y ocres, mientras las nieblas envuelven el bosque en un ambiente de cuento. Es la época más concurrida, por lo que conviene madrugar y usar los aparcamientos señalizados. En primavera, el verde tierno de las hojas nuevas y el murmullo de los arroyos llenan el aire de frescura; en verano, el bosque se convierte en un refugio natural contra el calor, perfecto para paseos tranquilos bajo la sombra; y en invierno, cuando el hayedo se desnuda y la nieve lo cubre de silencio, el paisaje ofrece una belleza serena y austera, ideal para quienes buscan calma y contemplación.

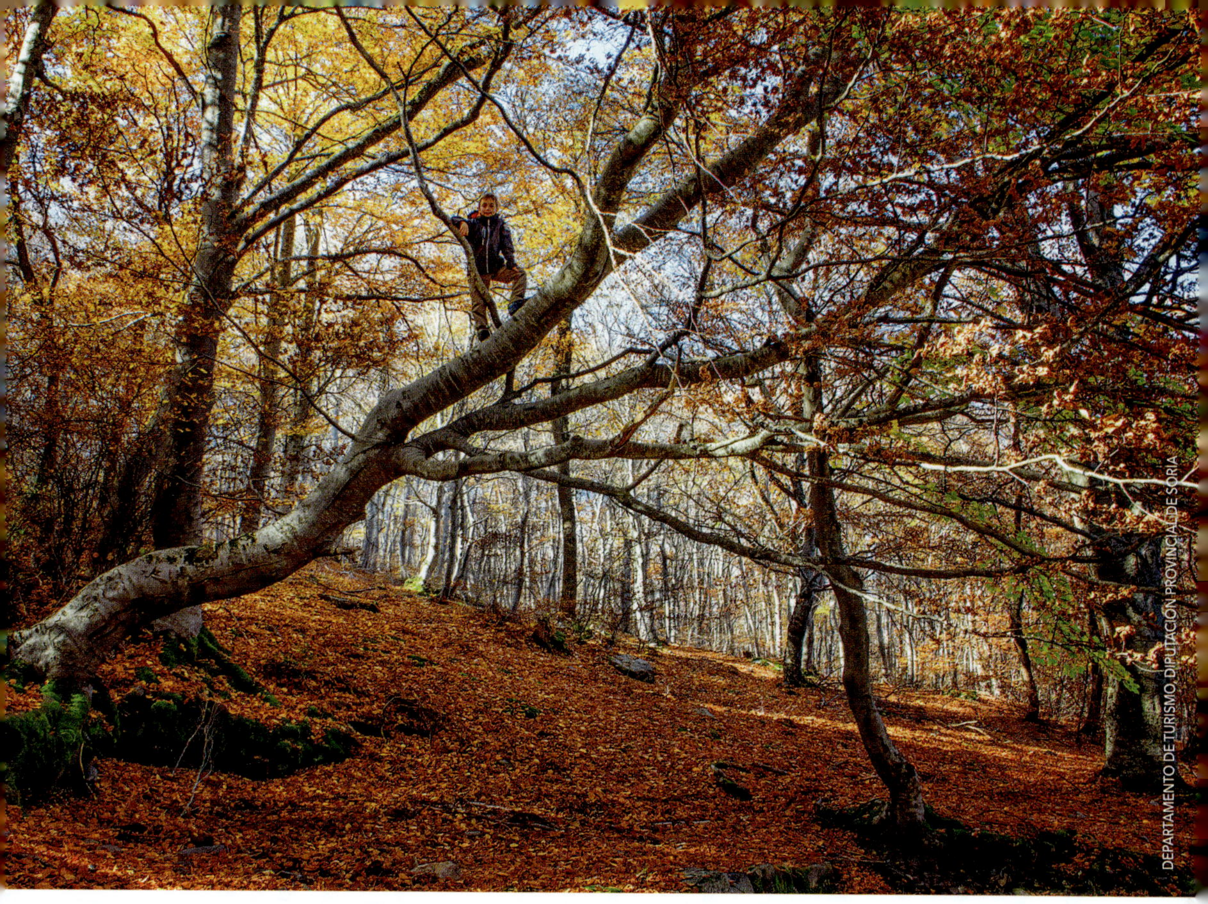

POR EL HAYEDO DE PEÑARRAJA, EN SORIA

La mejor forma de adentrarse en los hayedos sorianos del Moncayo es desde Vozmediano, tomando la carretera SO-382 hacia Agramonte y Tarazona. Poco antes de cruzar a Aragón, una pista forestal a la derecha marca el inicio del recorrido, que se interna suavemente entre jaras, pinos silvestres, brezos y rebollos, las especies que tapizan las faldas bajas del macizo. La senda coincide al principio con el GR-260, la ruta de la Calcenada, aunque aquí el paso se hace lento y contemplativo: un paseo por los colores y los aromas del bosque. A medida que se asciende, los robles dan paso a las hayas, acompañadas de avellanos y piornos, mientras el canto de petirrojos, pinzones y reyezuelos rompe el silencio húmedo del valle.

Cerca del barranco de Agramonte, que separa Castilla y León de Aragón, aparecen una fuente y paneles interpretativos que explican la singu-

En el Parque Natural del Moncayo conviven majestuosas hayas centenarias, testigos del paso del tiempo, con ejemplares jóvenes que brotan de manera natural o proceden de repoblaciones recientes.

laridad de estas umbrías, donde crecen groselleros, saúcos rojos y helechos gigantes, y donde habita el precioso escarabajo 'rosalia alpina', símbolo de los bosques viejos. En ese punto, un desvío a la izquierda lleva a la Ruta del Hayedo de

POR EL HAYEDO DE PEÑARRAJADA (SORIA)

COMIENZO: km 13,5 de la SO-382 que une Vozmediano y Agramonte, a unos 400 metros pocos metros del límite provincial y autonómico.

TIPO: circular. **LONGITUD:** 9,8 km.

DESNIVEL: +250 m. **CARTOGRAFÍA:** hojas 351-2 y 352-1 del IGN. 1:25 000.

TRACK: https://desni.in/hayedopenarrajada

Arboleda Singular del Hayedo del Moncayo
UN LUJO ECOLÓGICO EN MINIATURA

Dentro del vasto espacio del Moncayo, entre laderas donde el silencio huele a humedad y a hoja vieja, se esconde un rincón extraordinario: la Arboleda Singular del Hayedo del Moncayo. Este pequeño santuario, reconocido oficialmente en 2018, abarca algo más de seis hectáreas repartidas en dos rodales que parecen detener el tiempo. Se encuentra en el término de Tarazona, dentro del monte público "Dehesa de Moncayo", y guarda algunos de los secretos mejor conservados del bosque.

Su declaración como Arboleda Singular le otorga una protección especial, que vela por su equilibrio, limita las intervenciones y asegura que las generaciones futuras puedan seguir disfrutando de este paraje único. Aquí crecen las hayas más antiguas del Moncayo, testigos de siglos de historia forestal, junto a ejemplares trasmochos que recuerdan antiguos aprovechamientos y troncos caídos que ahora son refugio de insectos y aves del bosque maduro.

Aunque su extensión sea modesta, su valor es inmenso. Este pequeño territorio actúa como refugio y laboratorio a la vez: un lugar al servicio de la investigación científica, donde se estudian los procesos naturales del bosque y se preserva la diversidad genética de las hayas del Moncayo. Cada tronco viejo, cada brote nuevo, habla de continuidad y de herencia. Es el corazón vivo del hayedo.

FOTOS: ESPACIOS NATURALES ZARAGOZA

Soria (PR-SO-79), que asciende entre espesuras cada vez más densas, donde las hojas filtran la luz hasta convertirla en penumbra. Los rastros del antiguo carboneo aún se adivinan en el suelo, recordando que este bosque fue, hace no tanto, un recurso vivo para los pueblos cercanos.

El sendero atraviesa el paraje de El Acebal, un rincón sombrío donde abundan los acebos y, con algo de suerte, puede cruzarse un corzo o un grupo de jabalíes. Poco después, la vereda desciende de nuevo hasta enlazar con la pista por la que comenzó la excursión. Cerca del final, la fuente de las Canalejas, rodeada de cerezos y castaños de Indias, invita al descanso antes de regresar tranquilamente al punto de partida. En apenas tres horas de caminata, el visitante habrá recorrido un paisaje que resume toda la esencia del Moncayo: el tránsito del bosque mediterráneo al hayedo atlántico, la humedad, la calma y el rumor del viento entre las hojas. Y si aún queda tiempo, merece la pena acercarse a Vozmediano para visitar el nacedero del río Queiles o seguir hasta Ágreda, la villa de las tres culturas, que completa con historia el viaje por uno de los rincones más bellos de Soria

POR EL SENDERO DEL HAYEDO DE PEÑA ROYA, EN ZARAGOZA

El sendero marcado como «S1 – Hayedo de Peña Roya» es, sin duda, una de las rutas más bellas y emblemáticas del Parque Natural del Moncayo. Su trazado, sencillo y perfectamente señalizado, invita a adentrarse en el corazón del bosque húmedo que cubre la vertiente norte del macizo, un lugar donde el aire es fresco incluso en pleno verano.

El recorrido comienza junto a la Fuente del Sacristán, en las proximidades del Centro de Interpretación de Agramonte, punto de partida habitual para las excursiones del parque. Desde allí, una pista forestal asciende suavemente

A la izquierda, paisajes de la «Arboleda Singular» del Moncayo, y bajo estas líneas, más ejemplares de los característicos hayedos que, al filtrar la luz solar, mantienen la humedad del suelo y favorecen la biodiversidad.

entre pinos silvestres, brezos y rebollos, hasta que el paisaje se transforma poco a poco en un mosaico de acebos y hayas. En apenas unos metros, el visitante nota el cambio de luz: la claridad se filtra tamizada, el suelo se cubre de hojarasca y la humedad se adhiere a la piel.

El camino se interna en el hayedo, serpenteando entre troncos grises y lisos, algunos marcados por líquenes y musgos que tapizan las bases. En otoño, el suelo se convierte en una alfombra de ocres y dorados que crujen bajo las botas.

POR EL HAYEDO DE PEÑA ROYA (ZARAGOZA)

COMIENZO: en la Fuente de Sacristán.
TIPO: circular. **LONGITUD:** 7,5 km.
DESNIVEL: +259 m.
HORARIO: 2,15 h.
TRACK: https://desni.in/deyck
MÁS INFORMACIÓN: https://www.rednatural deararagon.com/senderos/s1-hayedo-de-pena-roya

En el hayedo del Moncayo convive una gran variedad de especies de flora y fauna de ambientes atlánticos y mediterráneos. Los claros del bosque permiten admirar la altura y la elegancia majestuosa de las hayas más altas.

JORGE / ADOBESTOCK

A medida que se gana altura, el bosque se abre hacia un claro conocido como el Prado de Santa Lucía, un lugar cargado de historia. Allí veremos los restos de una antigua ermita y de un pozo de nieve del siglo XVII, vestigios del pasado humano de estas montañas. En los días despejados, el claro ofrece una vista espléndida hacia el valle del Huecha y las laderas arboladas del Moncayo.

La fauna es discreta pero constante. Con algo de paciencia se puede escuchar el golpeteo del pico picapinos, el canto del trepador azul o el silbido lejano del gavilán. En los rincones más sombríos habita la 'rosalia alpina', un escarabajo de tonos azulados que depende de la madera muerta y que se ha convertido en uno de los emblemas del hayedo.

El sendero alcanza su punto culminante poco después del prado, donde el hayedo muestra su máximo esplendor: un túnel vegetal de hayas centenarias, cuyas copas que se entrelazan formando una bóveda natural. Es el tramo más fotogénico, donde la luz filtrada cambia de tono a cada hora del día.

El camino regresa por el mismo itinerario, descendiendo de nuevo entre los claros y sombras del bosque hasta reencontrarse con la pista principal y la Fuente del Sacristán, punto de inicio y final de la excursión. En total, son unos 7,5 kilómetros de recorrido (ida y vuelta), sin dificultad técnica, que pueden completarse en unas dos horas y media de paseo tranquilo.

POR EL BARRANCO DEL APIO, EN ZARGOZA

La segunda opcion propuesta para recorrer el hayedo del Moncayo es el llamado «sendero S2 – Barranco del Apio,» una ruta circular de apenas 4 kilómetros que encierra, en su corta distancia, todo el carácter del Parque Natural. Es un recorrido accesible, sereno y lleno de matices, ideal para quienes desean adentrarse en la esencia del bosque moncaíno sin necesidad de grandes esfuerzos.

El camino comienza en el mismo lugar que el anterior, en la Fuente de los Frailes. Un punto de partida que ya anticipa lo que espera al caminante: un entorno fresco, rodeado de pinares de pino silvestre donde la sombra y el murmullo del agua se entrelazan desde el primer paso.

La ruta arranca por una pista que asciende suavemente hacia el collado de Juan Abarca, un claro entre montes dominado por la silueta del Cabezo de la Mata, una de las cimas más reconocibles de esta vertiente norte. Desde allí, el camino gira a la derecha, siguiendo un cortafuegos que se eleva entre brezos y helechos. La pendiente es breve pero suficiente para ganar unas vistas abiertas del bosque y del perfil del Moncayo, que se alza poderoso al fondo.

Tras el ascenso, la pista gira de nuevo hacia la derecha y comienza un tramo de descenso que conecta con la pista de acceso al Santuario. Ape-

nas unos metros más abajo, un desvío bien señalizado se adentra en el corazón del bosque: un sendero estrecho que discurre bajo la sombra de pinos, robles y hayas, y que pronto se interna en la espesura del Barranco del Apio, uno de los rincones más frescos y húmedos del parque.

El ambiente aquí cambia por completo. La temperatura desciende, el aire se llena de aroma a tierra y a resina, y el silencio sólo lo rompen el canto del pinzón o el repiqueteo de algún pico picapinos buscando insectos en los troncos. Entre las ramas pueden verse trepadores azules y, con algo de suerte, el vuelo rasante de un azor o un gavilán. En el suelo húmedo prosperan musgos, acebos y serbales, y bajo los pinos crece una nueva generación de robles y hayas que renuevan poco a poco el bosque autóctono.

El sendero continúa rodeando el barranco, cruzando pequeños arroyos y claros donde la luz se abre paso entre el follaje. Desde algunos puntos, las vistas se abren al valle, con la montaña al fondo y el rumor del agua guiando la marcha. Al llegar de nuevo a la pista forestal, el camino se suaviza y regresa, entre un dosel verde y aromas de brezo, hacia el punto de partida junto a la Fuente de los Frailes.

En total, la excursión se completa en unas dos horas de paseo tranquilo, con 140 metros de desnivel y un recorrido circular que condensa, en muy poco espacio, la diversidad del Moncayo: la humedad del hayedo, el frescor del pinar, la vida del sotobosque y la calma inmutable de los barrancos. 🍁

....

POR BARRANCO DEL APIO (ZARAGOZA)

COMIENZO: en la Fuente de Sacristán.
TIPO: circular.
LONGITUD: 4 km.
DESNIVEL: 189 m.
HORARIO: 2 h.
TRACK: https://desni.in/yp6je
MÁS INFORMACIÓN:
https://www.rednaturaldearagon.com/senderos/s2-barranco-del-apio

El parque natural de Tinença de Benifassà está integrado en el macizo calcáreo de Els Ports, que comparte territorio con Castellón, Tarragona y Huesca, caracterizado por su relieve escarpado y sus densos bosques.

ESTIVILLMJ/ ADOBESTOCK

BOSQUES SALVAJES EN TINENÇA DE BENIFASSÀ

Ubicado en el extremo norte de la provincia de Castellón, en este parque natural encontraremos bosques en los que pedernos del mundo, rodeados de un paisaje agreste y de pueblos que invitan a la contemplación. Entre sus laderas cubiertas de encinas y quejigos se abren paso numerosos senderos, atravesando barrancos y crestas que nos marcan el ritmo.

S I buscas tranquilidad, bosques frondosos, saltos de agua, pueblos con encanto y paisajes abruptos, este destino cumplirá con creces tus expectativas. Situado en el extremo norte de la provincia de Castellón, lindando con las comarcas de Els Ports de Tortosa (Tarragona) al norte y Matarraña (Huesca) al oeste, el parque de la Tinença de Benifassà constituye una de las mejores reservas de biodiversidad del continente europeo. Pertenece a la subcomarca homónima, integrada en la comarca del Bajo Maestrazgo.

La despoblación que han sufrido sus villas y la falta de desarrollo económico de la zona ha contribuido a preservar su carácter salvaje y desconocido para el gran público. Poco a poco se ha ido abriendo al turismo, y especialmente al turismo activo y de naturaleza, ofreciendo hoy día una amplia red de senderos para caminar o montar en bici. También permite la práctica deotras actividades relacionadas con sus ríos, el avistamiento de aves o el astroturismo, entre otras.

Su paisaje está constituido por un conjunto de sierras abruptas que van desde los 400 metros de las cotas más bajas, hasta cimas que sobrepa-

CARLOS BUHLER

EVA MARTOS

Las rutas senderistas del parque están señalizadas con postes metálicos, con marcas de distintos colores. En estas páginas, los paisajes de densos bosques de encinar carrascal y quejigos, los más abundantes.

san los 1300 metros de altitud. Su elevado valor ambiental llevó a su declaración como Parque Natural en 2006, abarcando unas 5000 hectáreas. También pertenece a la Red Natura 2000 (Sitios de Interés Comunitario).

La Tinença de Benifassà comparte el macizo de Els Ports con el Parque Natural de Els Ports Tortosa-Beseit, situado al norte, ya dentro de la provincia de Tarragona, con el que establece una

continuidad marcada por sus paisajes montaño-
sos y sus bosques. A este terreno escarpado ha
contribuido su sustrato geológico, formado por
rocas calcáreas y dolomías en capas con diferente resistencia a la erosión, dando lugar a formas
rocosas que asombran al visitante y son refugio
de aves como el águila real y culebrera, el halcón
peregrino o el buitre leonado.

El parque es también hogar de otras aves
tanto migratorias como ribereñas (martín pes-
cador, mirlo de agua…) pero sin duda el animal
más representativo es la cabra montesa, que no
es difícil observar en grupos desplazándose con

soltura entre los peñascos. Igualmente podemos
ver entre los montes jabalíes y corzos, así como
abundantes lagartijas o –ya más escasos– algún
ejemplar del raro gallipato (un anfibio tipo tri-
tón). La actividad ganadera también ha dejado
su impronta en el entorno, especialmente la
ovina, pues durante unos años la comarca vivió
un auge por la venta de lana.

Sus pueblos, remanso de paz
Los pueblos que forman la Tinença comparten un carácter común: están asentados
sobre laderas, rodeados de naturaleza, con

calles estrechas y casas de piedra que han resistido al tiempo. No hay turismo masivo, y eso se nota en la atmósfera tranquila y en la cercanía con la que se vive cada rincón. La Pobla de Benifassà actúa como núcleo principal. Desde allí se accede al monasterio cisterciense de Santa María de Benifassar, uno de los grandes hitos culturales de la comarca, y a rincones naturales tan emblemáticos como el Salt de Robert o el Portell de l'Infern. No muy lejos, El Ballestar conserva un casco antiguo cuidado, con la iglesia de San Salvador como punto de interés y un centro de interpretación perfecto para entender el parque.

En lo alto de las montañas aparece Fredes, uno de los pueblos más altos de la Comunidad Valenciana y punto de partida de rutas de montaña exigentes y espectaculares. Cerca se encuentra El Boixar, conocido por su tradición ar-

Una seta de parasol, que brota en estos parajes en otoño, junto a otras como níscalos, lepiotas o las tóxicas amanitas. Abajo, en la «ruta amarilla», coincidente con el GR-7 en ese tramo. Derecha, la Pobla de Benifassà, de donde parten muchas rutas senderistas.

tesanal y su iglesia con vistas panorámicas. Castell de Cabres, uno de los municipios más pequeños de la provincia, parece detenido en el tiempo y ofrece una experiencia de desconexión absoluta. Más arriba aún se encuentra Coratxà, diminuto y silencioso, con una iglesia románica y unas vistas que abren el horizonte. Y al final de la carretera, literalmente, está Bel, un pequeño núcleo rodeado de bosque, donde termina el asfalto y empieza la sensación de haber llegado al corazón más remoto de la Tinença.

Entre carrascales y quejigos

La orografía irregular, el escaso rendimiento del suelo para actividades agrícolas, junto con la baja densidad de población que tradicionalmente ha caracterizado esta región, han contribuido a la conservación de extensas áreas boscosas. De hecho, aquí se encuentran algunos de los bosques más grandes de la Comunidad Valenciana, especialmente de encinar carrascal, que mantiene

FOTOS: EVA MARTOS

sus hojas verdes durante todo el año, así como de quejigar, que torna sus hojas en ocre en el otoño, pero las mantiene hasta que brotan las nuevas en la primavera.

Estos bosques, cerrados y silenciosos, cubren laderas y barrancos como un manto continuo donde domina la sensación de estar en un territorio muy poco alterado. Bajo las copas de los árboles, el suelo se cubre de musgos, boj, sabinas y romeros, mientras en las zonas más umbrosas aparecen acebos aislados, reliquias botánicas que delatan la influencia del clima más húmedo de épocas pasadas.

La Tinença de Benifassà es, en este sentido, un territorio de transición y contraste. El Mediterráneo está presente en el aroma de las hierbas y en la luz que filtra entre las ramas, pero también aparece un aire de montaña más centroeuropeo en los repliegues del terreno, donde el bosque se vuelve más denso y la humedad se acumula en barrancos y fuentes. Ca-

minar por estos parajes es sentir cómo el paisaje cambia con pocos pasos: de un encinar soleado se pasa a un quejigar fresco, y de ahí a un pinar que se alarga hasta los cortados de roca.

Senderos homologados, por colores

Las rutas que recorren este parque natural están adaptadas a distintos niveles de exigencia y horario. El parque utiliza un sistema de colores para marcar las rutas oficiales: cada sendero tiene asignado un color (azul, rojo, verde, morado y amarillo) que aparece en los carteles y en las flechas del recorrido.

La «ruta azul» propone una vuelta por el embalse de Ulldecona, con paradas en miradores y puntos panorámicos sobre el agua y las montañas. Es una ruta de unos 4 km que permite al caminante disfrutar del paisaje del embalse, observar aves acuáticas y fluviales, así como la vegetación de ribera, pues transita junto al

DRONEMETRICS/ ADOBESTOCK

La villa amurallada de Morella

Aunque no está incluida en la comarca de la Tinença, si estamos por la zona no podemos dejar de visitar la cercana población de Morella, que impacta desde lejos con su castillo coronando el cerro rocoso, cual guardián ancestral. Esta fortaleza se alza sobre una "muela" (así se denominan las mesetas elevadas en valenciano) aprovechando la roca natural, y contiene la huella de las distintas civilizaciones que han pasado por el lugar, desde los íberos a los romanos, árabes y cristianos, siendo objeto de reformas constantes entre los siglos XIII y XIX. También, rodeando el casco viejo de la población, las murallas medievales de Morellas nos trasladan a épocas pasadas, con sus sólidas torres y sus puertas señeras, como las de San Miguel, San Mateo, del Forcall o la puerta del Rey. Atrave-

sarlas o pasear por las callejuelas de este pueblo, detenerse en sus miradores para contemplar sus tejados rojizos y, desde lo alto, los paisajes del macizo de Els Ports, es una experiencia digna de sumar a nuestro cuaderno de viajes.

KARSOL/ ADOBESTOCK

embalse y pasa por puntos húmedos donde se aprecia la transición entre bosque y río. En el embalse también se pueden practicar actividades acuáticas y, cerca de la presa, podemos ir a visitar las pinturas rupestres de La Cova dels Rossegadors, Patrimonio de la Humanidad (ne-

cesario reservar visita, información en la oficina de turismo de la Pobla de Benifassà).

La «ruta roja», con unos 14 km de recorrido, es algo más exigente por su longitud y desnivel. Parte desde Fredes, que es la población más septentrional de la Comunitat Valenciana, y pasa por dos lugares emblemáticos del parque, como son el Portell de l'Infern y el Salt de Robert. El primero es un impresionante paso natural que atraviesa una pared de roca, antiguamente usado para comunicar las poblaciones de Fredes con los valles bajos de la Pobla; en sus alrededores podemos observar *gamellons*,

---

MÁS INFORMACIÓN

De las rutas y senderos del parque, así como de sus propuestas de alojamiento, gastronomía y otras actividades en:

https://parquesnaturales.gva.es/es/web/pn-tinenca-de-benifassa

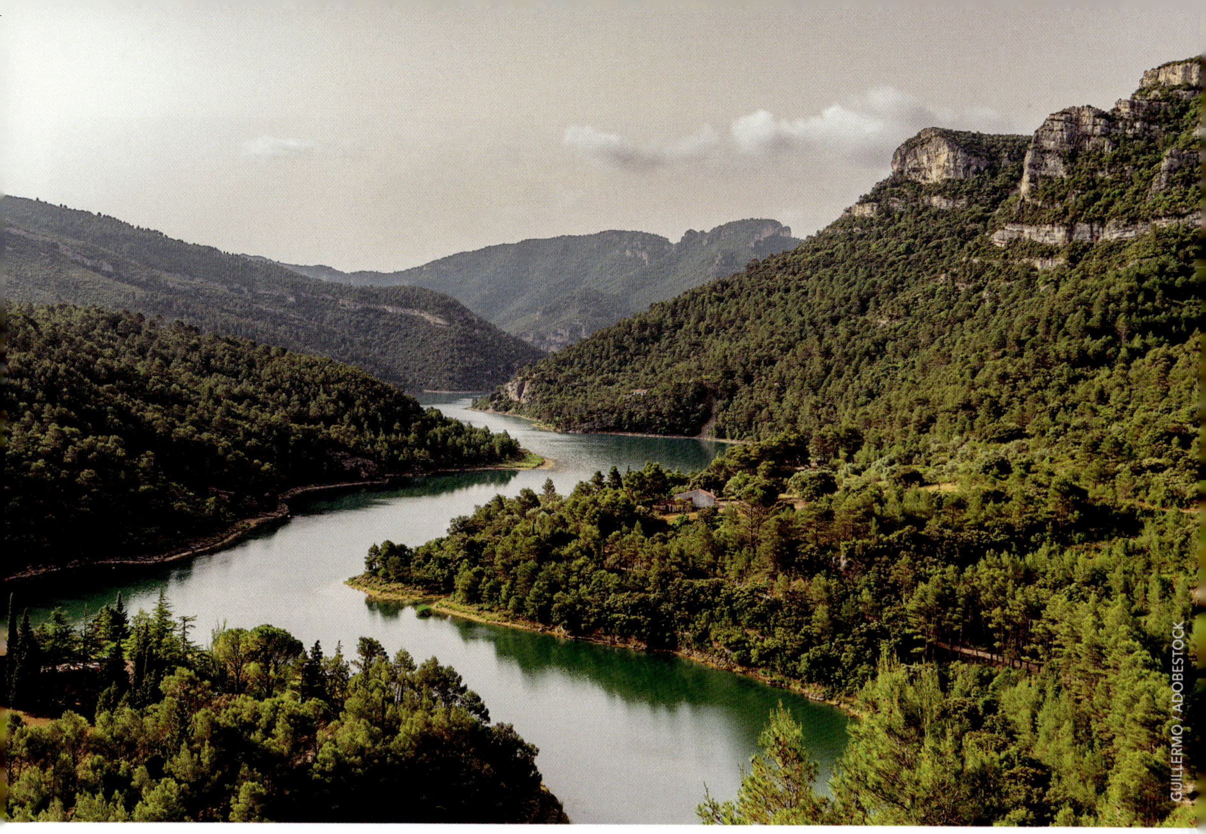

GUILLERMO / ADOBESTOCK

A la izquierda, el pueblo de Morella, coronado por su fortaleza, y las torres gemelas de San Miguel, su acceso principal. Arriba, el pantano de Ulldecona, punto de partida de rutas senderistas y escenario de actividades acuáticas; y abajo, la cascada del Salt de Robert.

ESTIVILLML / ADOBESTOCK

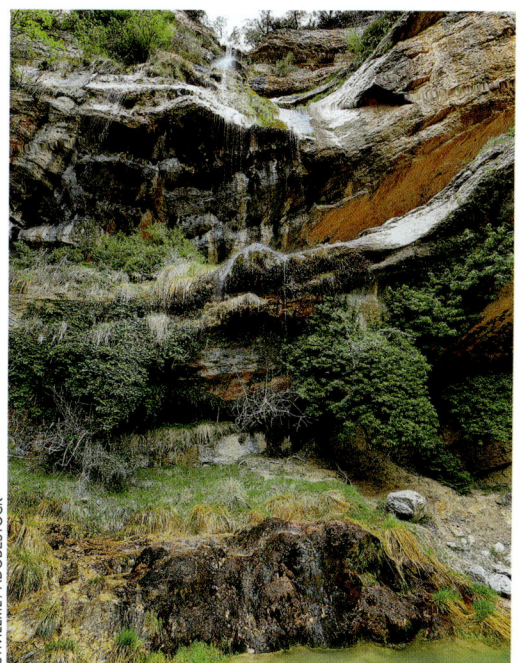

que son bebederos tradicionales construidos en troncos vacíos donde se acumula el agua que se filtra de las paredes. En cuanto al Salt de Robert, es una bonita cascada de unos 30 metros donde nace el rio Sénia. Alberga especies endémicas protegidas, de gran interés botánico y zoológico; según la época del año podemos encontrarla con más o menos agua. Esta ruta se adentra también en zonas más agrestes y otros espacios abiertos, ofreciendo buenas vistas panorámicas. Es un recorrido circular que cuenta con una variante más corta, de unos 8 km.

La «ruta verde» nos propone un recorrido por los restos de las minas de hierro del lugar, observando los restos de la explotación minera, como galerías superficiales y agujeros. Comienza en el área recreativa de las Umbrías de Benifassà y tiene unos 11 km de recorrido circular, que en su primera parte coincide con la «ruta azul». Se separa de esta para remontar a la Penya de l'Àguila, de donde se obtiene una bella panorámica sobre el embalse y la plana de

Vinaròs. Enfrente tenemos la Roca del Mig Dia (roca del medio día), que recibe este nombre porque, a modo de reloj de sol, marcaba la hora de comer a los agricultores. Avanza también por una cresta desde la que tendremos unas vistas espectaculares del valle y, a la derecha, del monasterio de Benifassà. Una senda que combina naturaleza, historia y paisaje.

La «ruta morada» lleva por título *Els Maquis a la Tinença* y nos propone visitar lugares vinculados con la memoria histórica y el paso de los maquis durante el siglo XX en la comarca. Comienza en la La Pobla de Benifassà y cuenta con una variante larga (16 km) y otra corta (11 km). Va atravesando zonas que combina los campos de cultivo con los bosques de carrascas y pinos, ofreciendo también miradores privilegiados, como las peñas sobre la que se asienta la masía de Simfores

Nos adentramos a continuación en la «ruta amarilla», que nos sumerge en los bosques de la Tinença de Benifassà.

POR LOS BOSQUES DEL MAS DE BOIX

Es uno de los senderos homologados del parque, señalizado como «ruta amarilla», en el que podremos apreciar la variedad de flora autóctona, los matices del sotobosque y la fauna de bosque seco mediterráneo.

Comienza en una antigua masía típica de montaña, en buen estado de conservación, a la que se accede desde la población de Castell de Cabres, siguiendo una pista que está bien señalizada. Desde aquí tendremos unas buenas vistas de todo el valle y del barranco de la Gatellera. Durante todo el camino iremos siguiendo la señalización de placas instaladas por la Generalitat Valenciana, y en concreto por las marcas amarillas con las que está identificado este camino. Siguiendo estas señales, abandonaremos durante un tramo la pista para seguir una senda que va atravesando la ladera a media vertiente, surcando los bosques de encina y matorral bajo característicos de la comarca.

A la izquierda, admirando uno de los ejemplares maduros de quejigo que sobresale en el bosque; y arriba, junto a una de las marcas del GR-7, con el que coincide la propuesta de «ruta amarilla» por los bosques del Mas de Boix.

Durante una parte la ruta transcurre por la senda de gran recorrido GR-7 (que conecta Fredes con el Boixar y con Vallibona), señalizada con las características marcas de pintura roja y blanca. En el camino pasaremos también por unas construcciones en ruinas de antiguas masías, vestigio de la actividad ganadera de las poblaciones.

Después de atravesar el barranco de la Gatellera, alcanzamos una zona alta en la que encontramos un bebedero para ganado, que también sirve como depósito para la extinción de incendios forestales. Aunque abundan los árboles jóvenes de troncos delgados, también encontramos algún ejemplar antiguo de quejigo mediterráneo, con sus ramas retorcidas y musgosas, que destaca imponente sobre la carrasca o encinares bajos que nos acompañan en todo el camino.

La ruta es circular, por pendientes suaves y sin gran dificultad, que nos llevará unas dos horas recorrerlo o algo más si vamos con sosiego, dejándonos contagiar de la paz que se respira en este entorno. La abundancia de sombra hace que sea un camino que se puede disfrutar en cualquier época del año, aunque el otoño y la primavera son las más recomendables.

Además de las rutas homologadas, la zona cuenta con muchas más posibilidades para el senderismo, con propuestas como un recorrido por el cercano poblado íbero de La Morranda (en la localidad del Ballestar), rutas botánicas o una travesía que une los distintos pueblos de la comarca en varias jornadas. 🍁

POR LOS BOSQUES DEL MAS DE BOIX

COMIENZO: Mas de Boix (GPS: 40°38'36.2"N 0°03'26.3"E)
TIPO: circular. **LONGITUD:** 5 km.
DESNIVEL: +225 m. **HORARIO:** 2 h.
TRACK: https://desni.in/678qx

PIRINEOS, LLEIDA

5 BOSQUES EN LA VAL D'ARAN

Este valle pirenaico se viste con sus mejores galas en la estación otoñal. Aquí proponemos cinco de sus estampas más valoradas: el bosque de Coñangles junto al cauce del Noguera Ribagorzana, las hayas milenarias de Carlac, los abetos gigantes del bosque de Baricauba y de Loseron, y los bosques mixtos que de despliegan en torno al más recóndito valle de Toran. Un espectáculo para los cinco sentidos. // TEXTO: GE. FOTOS: @VALDARANPHOTOS. TORISME VAL D'ARAN Y OTROS AUTORES.

Los tonos amarillos y naranjas nos envuelven al caminar por los senderos del hayedo de Carlac, situado en Bausen, en el Bajo Arán.

ENCLAVADO en el corazón de los Pirineos, la Val d'Aran es un valle singular de Lleida, al noroeste de Cataluña y fronterizo con Francia, que destaca por su identidad propia, su lengua —el aranés— y un paisaje de incomparable riqueza. Su capital, Vielha, ejerce de centro neurálgico de una treintena de pequeños pueblos de montaña como Arties, Bossòst, Salardú, Les o Bausen, que conservan el encanto de la piedra y la pizarra en sus casas tradicionales.

Una sexta parte del territorio aranés está cubierta por bosques que se cuentan entre los más valiosos de la península ibérica. En las zonas más elevadas, donde el frío domina gran parte del año, el pino negro se erige como protagonista. Conforme se desciende en altitud, el tapiz forestal se diversifica con robles, hayas, abetos, avellanos, tilos, castaños y arces, conformando coloridos mosaicos de gran valor ecológico. El otoño es, sin duda, la estación que mejor muestra el esplendor de estos parajes. Las hojas ocres y húmedas que cubren el suelo brillan bajo la luz tenue del sol otoñal, y bajo ellas brotan setas y hongos que atraen a recolectores y nutren la contundente gastronomía aranesa.

Ejemplos notables de estos tesoros naturales son bosques como el de Conangles —uno de los hayedos más importantes de la Península—, los abetales de Valarties y Baricauba, el bosque mixto de Toran o el hayedo puro de Carlac, hogar de ejemplares milenarios. A continuación

FOTOS: TORISME VAL D'ARAN

El Santuario de Montgarri, construido en el siglo XVI a orillas del río Noguera Pallaresa, está integrado en un entorno boscoso de gran belleza. Actualmente funciona como refugio y punto de descanso de los numerosos caminos del entorno, como el de la imagen de la izquierda.

profundizamos en cada uno de ellos, con propuestas de excursiones para hacer en el día.

El bosque de Conangles

En la boca sur del túnel de Vielha, a la entrada misma de la Val d'Aran, se abre uno de los tesoros naturales más valiosos de los Pirineos: el bosque de Conangles. Este hayedo-abetal, considerado uno de los más importantes de la península ibérica, ofrece un espectáculo que cambia con cada estación y que atrae tanto a excursionistas como a amantes de la naturaleza.

La combinación de especies convierte a este paraje en un mosaico de luces y colores. En primavera y verano, los verdes intensos de las hayas y los abetos se entrelazan bajo la luz solar que se filtra entre las copas. El otoño, sin embargo, es el momento culminante: las tonalidades rojas, ocres y doradas de las caducifolias contrastan con el verde perenne de los abetos, componiendo un escenario mágico. Entre los

gruesos troncos de abetos centenarios discurre el río Noguera Ribagorzana, que aporta frescor, humedad y vida: en verano propicia floraciones exuberantes, mientras que en otoño alimenta la aparición de setas que tapizan el suelo del bosque.

El corazón de este enclave lo ocupa el refugio de Conangles, una construcción que se ha convertido en punto estratégico para senderistas. Situado en pleno GR-11, la gran ruta pirenaica, funciona como campo base para múltiples itinerarios: desde sencillas caminatas por el interior del bosque hasta ascensiones más exigentes a las cumbres aranesas. El área cuenta además con una zona de picnic, lo que la convierte en un lugar ideal tanto para quienes buscan un alto en el camino como para quienes desean adentrarse en rutas de mayor envergadura.

Entre las excursiones más populares a realizar desde el refugio de Conangles destaca la que conduce a los lagos de Besiberri, rodeados por

DAVID / ADOBESTOCK

las imponentes cimas de Besiberri Norte y Besiberri Sur, ambos de más de 3000 metros e integrados en el Parque Nacional d'Aigüestortes i Estany de Sant Maurici. Es una ruta lineal de unos siete kilómetros (ida y vuelta), apta para la mayoría de excursionistas, aunque con un tramo final de fuerte desnivel.

Otro de los recorridos más solicitados desde el refugio de Conangles sube por encima del histórico Hospital de Vielha, dividiéndose hacia el valle de Molières, en sentido suroeste, y hacia el Port de Rius, en sentido norte.

DE CONANGLES AL ESTANY DE BESIBERRI

COMIENZO: refugio de Conangles.

TIPO: lineal (solo ida)
LONGITUD : 3,67 km
TIEMPO: 1,30 h.
DESNIVEL : +60 m, -502 m.
TRACK: https://desni.in/trkwy

En los bosques conviven ejemplares jóvenes con otros centenarios de distintas especies, aportando una riqueza natural plena de color y vida. Izquierda, los lagos de Besiberri, idílico destino de la excursión propuesta.

El hayedo de Carlac

En el extremo norte de la Val d'Aran, junto al pintoresco pueblo de Bausen, se encuentra otro de los rincones más mágicos de los Pirineos: el hayedo de Carlac. Este bosque, conocido también como el bosque encantado, es célebre por la forma caprichosa y retorcida de sus hayas milenarias, que parecen cobrar vida entre la niebla o bajo los tonos cálidos del otoño.

La ruta para descubrirlo comienza en el propio Bausen, un pequeño pueblo de calles empedradas al que se llega por una sinuosa carretera que asciende sobre el río Garona y ofrece espectaculares vistas del macizo de la Maladeta. Desde el aparcamiento se toma la calle Sant Pere, siguiendo las marcas del GR 211-2, que atraviesa el pueblo hasta internarse en el bosque. El camino,

bien cuidado y de pendiente moderada, se adentra en un entorno cada vez más frondoso, donde los troncos inclinados de las hayas parecen aferrarse con fuerza a la ladera empinada. En algunos puntos, las pasarelas de madera permiten salvar los pequeños torrentes del río Carlac, que aporta frescor y humedad al ecosistema.

El recorrido transcurre entre bordas, antiguos refugios ganaderos, el abrevadero de grandes losas y la ermita de Sant Roc, vestigios de la vida rural que salpican el sendero. A me-

dida que se avanza, el hayedo ofrece "ventanas" naturales entre el follaje desde las que se divisan las montañas que cierran la Val de Toran. Tras alcanzar el punto más alejado de la ruta, el sendero desciende de nuevo, atraviesa el torrente y planea hacia la salida del bosque. En días claros, la recompensa final es la silueta majestuosa del Aneto, el techo de los Pirineos, que se alza al fondo del horizonte.

La visita al hayedo de Carlac no termina al abandonar el bosque. Bausen guarda otro lugar

IKUDAY / ADOBESTOCK

cargado de historia y simbolismo: el cementerio pagano de Teresa, considerado el más pequeño de España. Allí reposa una única tumba, la de una joven del pueblo que en el siglo XIX fue enterrada fuera del camposanto católico por negarse la Iglesia a aceptar su matrimonio. Su historia de amor, transformada en leyenda, forma ya parte inseparable del patrimonio emocional de este rincón aranés.

El bosque de Baricauba

A escasos kilómetros de Vielha, desde la vecina localidad de Gausac, se accede a uno de los bosques mejor conservados de Europa: el bosque de Baricauba. Sus protagonistas son los abetos monumentales, que alcanzan hasta cuarenta metros de altura, entre los que se abren paso hayas y otras especies que aportan variedad cromática y de formas a esta gran masa forestal.

En el corazón del bosque encontramos la *Bassa d'Oles*, una balsa que en las primaveras y veranos lluviosos se transforma en un idílico lago de montaña. Este enclave, accesible por una pista asfaltada desde Gausac, se ha convertido en un lugar muy frecuentado por excursionistas y familias, que encuentran aquí un espacio perfecto para disfrutar de la naturaleza en un entorno seguro y de fácil acceso. Un sendero señalizado de unos 700 metros rodea el lago,

Reflejos otoñales en la Bassa d'Oles, rodeado por un agradable sendero, recomendable para cualquier época del año. A la derecha, la tumba de Teresa, la única de este pequeño cementerio de Bausen.

....

POR LES BORDES Y EL HAYEDO DE CARLAC

COMIENZO: Bausen.
TIPO: circular. **LONGITUD :** 5 km.
TIEMPO: 2 h.
DESNIVEL : : +275 m.
TRACK: https://desni.in/v7ht6

TORISME VAL D'ARAN

En otoño, la berrea

La llamada "berrea" o "brama" del ciervo es el momento más intenso del ciclo reproductor de estos animales: ocurre en otoño, generalmente entre mediados de septiembre y principios de octubre, cuando los machos emiten potentes bramidos para atraer a las hembras, marcar territorio y retar a otros machos en luchas rituales. Estas demostraciones de fuerza no suelen ser violentas: las cornamentas se entrechocan de forma simbólica y los sonidos –guturales y potentes– resuenan en los valles. El protagonista es el ciervo rojo (*Cervus elaphus*), especie característica de los bosques europeos, cuyas poblaciones protagonizan este espectáculo natural que atrae a aficionados a la naturaleza y fotógrafos.

En la Val d'Aran, los primeros bramidos se comienzan a escuchar con el cambio estacional. Las mañanas y los atardeceres son los momentos más propicios para presenciar la berrea. Para no perturbar a los animales, las excursiones suelen hacerse acompañados por guías especializados que conocen rutas de observación adaptadas al entorno y horarios adecuados. Entre las empresas que organizan esta actividad, están Aran Experience (*www.aranexperience.com*) y Ecotour Experience (*www.ecotourexperiences.com*).

ALZAMU79 / ADOBESTOCK

Arriba, iglesia de San Miguel de la localidad de Vielha, capital de la Val d'Aran y punto de partida de muchas excursiones, como la que disfruta el caminante en la imagen de la derecha, entre abetos de hoja perenne.

TORISME VAL D'ARAN

alternando tramos de bosque y prados, donde no es raro avistar corzos si se madruga. A orillas de la balsa se levanta además el refugio Era Piusa, de uso para escolares y grupos de excursionistas.

El bosque cuenta con varios espacios acondicionados para el descanso y el disfrute al aire libre. El área de la Mair de Diu des Nhèus, situada en un prado abierto, ofrece magníficas vistas del barranco de Gèles y del Garona, mien-

BASSA D'OLES Y BOSQUE DE BARICAUBA

COMIENZO: Bassa d'Oles.

TIPO: circular. **LONGITUD:** 2,3 km

TIEMPO: 50 min.

DESNIVEL: ±75 m.

TRACK: https://desni.in/rwb8m

tras que el área de Plan Batalher, de carácter familiar, dispone de barbacoas, mesas y agua potable bajo la sombra de abetos y hayas dispersos. Desde aquí parte una pista que desciende hasta el pueblo de Aubèrt.

La riqueza de su ecosistema incluye abetos, pinos rojos, enebros y arándanos, además de una fauna variada.

El bosque de Loseron

En el valle de Valarties, con punto de partida desde el pueblo de Arties, se encuentra otro de los rincones forestales de enorme belleza de la Val d'Aran: el bosque de Loseron. Aquí conviven abetos monumentales, pinos rojos y otras especies de pino que conforman un paisaje de gran valor natural.

La ruta más recomendable para recorrer este bosque comienza al cruzar el puente sobre el río Valarties y seguir la pista forestal asfaltada que arranca tras los últimos edificios de Arties. El ca-

mino conduce hasta el puente de Ressèc y, tres kilómetros más adelante, alcanza la cabaña de Loseron, situada a 1.630 metros de altitud en pleno bosque. Este refugio funciona como centro de interpretación, con un panel que presenta el itinerario de los abetos gigantes.

La senda, bien señalizada y de dificultad moderada, está pensada para un público amplio. A lo largo del recorrido aparecen hasta diez paneles con explicaciones didácticas sobre los árboles, incluyendo uno con un corte transversal que enseña a contar los años de vida de un ejemplar. Los abetos gigantes, algunos con raíces espectaculares o cubiertos de líquenes que parecen barbas, se acompañan de otros árboles singulares, cada uno con su propia historia.

El itinerario circular regresa al punto de partida tras descender unos metros desde la cabaña y cruzar un pequeño puente, siempre en un entorno de gran frondosidad. Más allá del recorrido marcado, quienes se desvíen un poco del

EL BOSQUE Y LA CABAÑA DE LOSERON

COMIENZO: Arties.

TIPO: lineal (ida y vuelta).

LONGITUD: 1,8 km. **TIEMPO:** 1,30 h.

DESNIVEL: +185 m.

TRACK: https://desni.in/djfc3

....

sendero podrán descubrir otros ejemplares igual de majestuosos. Desde la zona, además, una red de caminos secundarios conduce hasta los prados de Sieja, próximos al Pònt deth Ressèc.

RAULH78 / ADOBESTOCK

El bosque de Toran

Justo antes de que el río Garona cruce a territorio francés se abre hacia oriente uno de los rincones más tranquilos y menos conocidos de la Val d'Aran: el Val de Toran. Este valle estrecho y siempre húmedo está cubierto por bosques espesos que, en algunos tramos, resultan casi impenetrables. Entre hayas y abetos habitan dos de las especies más amenazadas de los Pirineos: el urogallo y el oso pardo, mamífero tímido y solitario que se alimenta de frutos de roble, frambuesas y arándanos. Las osas presentan además una curiosa estrategia reproductiva: pueden aplazar el desarrollo del óvulo fecundado hasta que el entorno les resulta más favorable.

Entre sus bosques destaca el de Ierleta Seca, con imponentes ejemplares de haya y abeto. Una sencilla excursión, de poco más de una hora, permite adentrarse en él partiendo del refugio guardado Era Honeria, al que se accede en vehículo por pista asfaltada. El itinerario continúa entre

A la izquierda el frondoso y húmedo bosque de Torán; y arriba iglesia románica de Santa María de Arties; dos ejemplos que muestran el valor del valle, combinando la riqueza natural con el patrimonio histórico y artístico.

el río Toran —cuyo curso aparece y desaparece, recorriendo parte de su trayecto bajo tierra—, torrentes, ruinas de antiguas bordas y prados con vistas abiertas al valle, hasta alcanzar el pequeño y escondido pueblo de Pradet.

El paisaje está presidido por el Tuc d'Emèr, cuyas laderas verdes y verticales guardan en su regazo un helero que resiste hasta bien entrado el verano. Cascadas, abrevaderos y fresqueras de piedra jalonan un recorrido que combina la frescura del bosque con la memoria de antiguos pobladores. De hecho, Toran fue un valle intensamente habitado: Canejan llegó a superar los 500 habitantes, y junto al actual refugio existió una fundición de hierro que recuerda la importancia económica que tuvo la zona en otros tiempos.

La riqueza botánica también es protagonista. En abundancia crece el hipérico (*Hypericum maculatum*), de flores amarillas con diminutos puntos negros en los pétalos. Sus usos medicinales son conocidos desde antiguo: el aceite de hipérico se aplica sobre golpes, heridas y torceduras, y la planta ha sido utilizada en homeopatía y como antidepresivo natural.

Además del paseo hasta Pradet, se recomienda visitar los pueblos de Sant Joan de Toran, Porcingles y Canejan, o acercarse al embalse de Hons dera Coma, completando así una experiencia que combina naturaleza salvaje, patrimonio histórico y vida rural en uno de los rincones más auténticos y poco transitados del Pirineo aranés. 🍁

··

POR EL CORAZÓN DEL VAL DE TORAN

COMIENZO: refugio Era Honeria.
TIPO: circular. **LONGITUD :** 2,3 km
TIEMPO: 45 min.
DESNIVEL: +100 m.
TRACK: https://desni.in/xbgvr

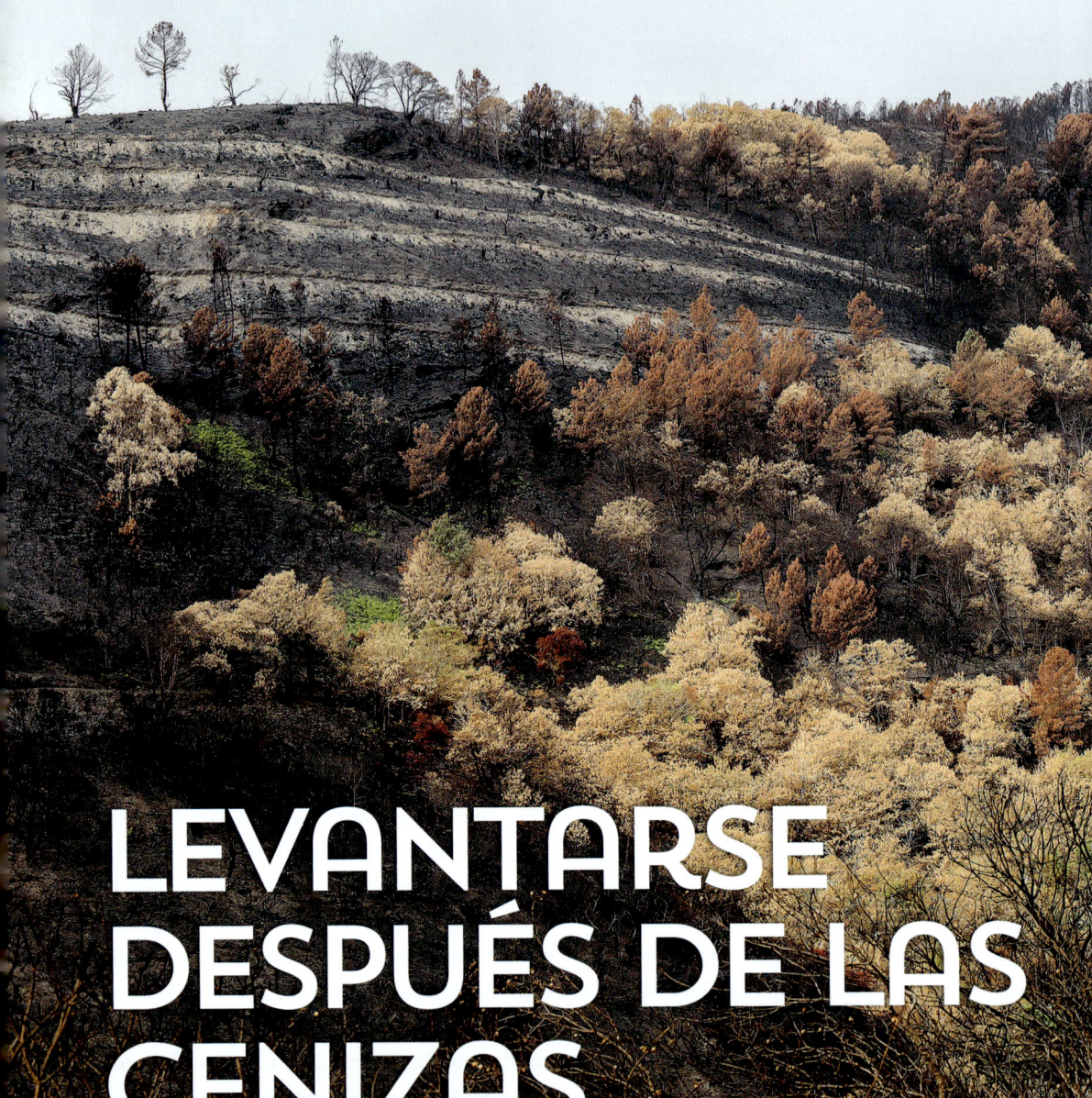

LEVANTARSE DESPUÉS DE LAS CENIZAS

El otoño llega como un acto de renacimiento en los territorios que sufrieron duramente los incendios del verano pasado. Es en esta estación cuando el bosque empieza a vestirse de ocres y dorados y la vida se abre paso entre las cenizas. Recorrer estos lugares ahora, además de regalarnos paisajes de una belleza extraordinaria, nos da la opción de ser testigos y partícipes de su recuperación, contribuyendo a que sigan latiendo con fuerza año tras año.

Bosques del Bierzo marcados por las cicatrices del fuego, donde la naturaleza volverá a imponerse con su verdor, pero solo la prevención podrá evitar que la historia se repita.

FOTOS: DAVID CRESPO

EL verano de 2025 ha dejado una herida profunda en los bosques españoles. Una sucesión de olas de calor intensas y vientos impredecibles desencadenó la peor temporada de incendios en décadas, con entre 330.000 y casi 400.000 hectáreas calcinadas en apenas unas semanas. Más allá de las cifras, todas las fuentes coinciden en una conclusión clara: fue un verano excepcionalmente devastador, marcado por un escenario de "tiempo de fuego extremo" que, asociado al cambio climático, empieza a convertirse en una amenaza recurrente para la Península Ibérica.

Los incendios más graves se concentraron en varios puntos clave del mapa. Galicia fue uno de los territorios más golpeados, con un gran foco en Larouco que arrasó paisajes de carballeiras y pinares, dejando tras de sí un mosaico de ceniza donde antes había vida. Al otro lado de la cordillera Cantábrica, las llamas alcanzaron espacios tan emblemáticos como el Parque Nacional de Picos de Europa, donde cada hectárea perdida supone un golpe directo a un ecosistema ya frágil. En Asturias, los frentes simultáneos acabaron por entrar en el Parque Natural de Somiedo, afectando a zonas restringidas esenciales para especies como el oso pardo y a los prados que sostienen la ganadería tradicional.

LUIS VILANOVA / ADOBESTOCK

FOTOS: DAVID CRESPO

Zamora tampoco escapó a la tragedia. El fuego llegó al entorno del Lago de Sanabria, alterando bosques de ribera que sirven de refugio y corredor natural para una fauna adaptada a un clima de montaña que ahora se enfrenta a un paisaje alterado. León, por su parte, vivió uno de los episodios más simbólicos con el incendio en el entorno de Las Médulas, donde se vieron afectados los bosques que rodean este paisaje cultural, entre otros puntos de la provincia.

Más al sur, otro gran fuego avanzó con rapidez por los valles del Jerte y del Ambroz, en Extremadura, devorando robledales y castañares. Y aunque estos fueron los casos más mediáticos, hubo más incendios, grandes y pequeños, que sumaron un escenario general de alarma ecológica.

Prevención, gestión y apoyo

Lo ocurrido no puede entenderse como una suma de casualidades. Los expertos apuntan a un patrón cada vez más claro: veranos más largos y secos, una vegetación acumulada que actúa como combustible y zonas rurales despobladas donde el monte se abandona. La prevención es, por tanto, una prioridad absoluta. La solución no pasa por apagar incendios, sino por una correcta gestión del territorio para prevenirlos: mantener claros los montes, favorecer el pastoreo, recuperar cortafuegos vivos o impulsar un modelo forestal mosaico que reduzca la continuidad del combustible, entre otras medidas. La respuesta inmediata en las zonas afectadas pasa por proteger el suelo, evitar la erosión o permitir la regeneración natural allí donde el ecosistema está preparado para ello. A medio y largo plazo, cada paisaje necesita una receta específica para su recuperación.

En medio de la devastación, los pueblos afectados resisten como pueden. Han perdido monte, economía y, en algunos casos, parte de su identidad, pero no renuncian a reconstruir su territorio.

Paisajes que ha dejado el fuego a su paso por tierras gallegas (arriba a la izquierda es el entorno de Courel, en Lugo, y el de abajo es Villamartín de Valdeorras, en Ourense) y leonesas, provincia con más de 40 municipios afectados.

Por eso, más que mirar solo al desastre, merece la pena observar todo lo que sigue en pie: la vida que persiste, los paisajes que se visten de otoño y las iniciativas que nacen para mantener vivo un mundo rural que ya de por sí lidia con la despoblación y la incertidumbre económica. La recuperación no es solo ambiental, sino también humana, y en ese equilibrio entre bosque y comunidad se jugará parte del futuro de estos territorios.

Ahora es más importante que nunca no abandonar estas zonas que han sido duramente golpeadas. Volver a ellas, recorrer sus senderos con respeto y consumir en sus pequeños negocios es una forma real de apoyar su recuperación.

Es importante hacerlo con consciencia, entendiendo que el paisaje ha cambiado y que el entorno está más frágil y puede presentar riesgos inesperados. La visita debe convertirse en un gesto atento: caminar con prudencia, observar sin invadir, dejar que la naturaleza se regenere a su

ritmo y, al mismo tiempo, mantener vivo el vínculo con las comunidades locales, que necesitan actividad, presencia y ánimo para salir adelante.

En las siguientes páginas nos adentraremos en tres territorios especialmente afectados — los bosques del Bierzo en León, el valle del Ambroz en Cáceres, y la Ribeira Sacra, entre Lugo y Ourense— para conocer cómo sus habitantes están impulsando iniciativas que merecen ser descubiertas, especialmente en otoño, cuando el bosque se tiñe de los colores cálidos que nos acogen.

Además de proponer rutas y excursiones para disfrutar esta estación, a pie o en bici, queremos reafirmar nuestro compromiso con los valores naturales y humanos del territorio, ayudando a que perduren en el tiempo. Seguir visitando, apreciando y cuidando estos lugares es una manera de honrar un patrimonio vivo, esos tesoros de la naturaleza que ya estaban aquí mucho antes de que nosotros llegáramos. 🍁

Entre los castaños del soto de Villar de los Barrios se realizan «baños de bosque»: paseos terapéuticos y meditativos, que aportan beneficios al sistema inmunológico y favorecen el bienestar y la relajación.

LEÓN

DIEZ BOSQUES SINGULARES DEL BIERZO

Entre montañas que forman un anfiteatro natural, el Bierzo se despliega como un valle fértil donde cada bosque cuenta una estación distinta del año. Cuando llega el otoño y los árboles arden en colores, esta comarca leonesa invita a perderse por sus sendas para descubrir, caminando o en bici, la belleza cambiante de sus sotos de castaños, hayedos, rebollares y hasta zofrerales.

EL Bierzo se extiende en el extremo occidental de León, encajado en una gran depresión rodeada por montañas. Las sierras del Caurel y Ancares lo protegen por el norte, la de Gistredo por el nordeste, los Montes de León por el este y los Montes Aquilianos por el sur. Este anillo pétreo abraza la llamada Hoya Berciana, una llanura fértil que alimentó la leyenda de que, en tiempos remotos, toda la comarca fue un lago que los romanos habrían vaciado para extraer oro. La realidad no fue tan fabulosa, pero sí es cierto que la minería romana transformó profundamente el paisaje original.

Tradicionalmente, el Bierzo se divide en Bierzo Bajo y Bierzo Alto. El río Sil atraviesa la comarca como su eje natural. En el Bierzo Bajo se encuentran sus dos núcleos principales: Villafranca del Bierzo, considerada la capital histórica de la comarca y Ponferrada, que se ha convertido en su corazón administrativo y económico, en la que destaca su icónico castillo templario. En cuanto al Bierzo Alto, Bembibre ejerce de capital, una ciudad que creció al calor de la minería y sufrió con fuerza la reconversión industrial.

Al sur de la comarca se abre uno de los lugares más singulares de la Península: Las Médulas. Declarado Patrimonio de la Humanidad, este escenario de tonos rojizos y formas imposibles no nació de un capricho geológico, sino de una gigantesca intervención romana. Aquí funcionó la mayor mina de oro a cielo abierto del Imperio, explotada hasta finales del siglo II. Los romanos perforaron el interior de las colinas y canalizaron agua desde los Montes Aquilianos a través de más de 600 kilómetros de conducciones. Al liberar el agua en el interior de las galerías, la presión hacía colapsar la montaña en un proceso conocido como *ruina montium*.

El resultado fue un nuevo paisaje modelado a escala humana: laderas desgarradas, llanuras

Abajo, colores otoñales en la Sierra de los Ancares, límite natural del Bierzo que marca la transición entre León y Galicia. Derecha, paseando entre los rebollares que pueblan esta zona, junto a castaños, alcornoques, encinas y hayas.

LFRABANEDO/ ADOBESTOCK

DAVID CRESPO

Arriba, el otoño empieza a teñir las verdes hojas de los castaños del soto de Villar. A la derecha, el hayedo de Busmayor, que crece en torno a desfiladeros y *fervenzas* (pequeñas cascadas). Y abajo, huellas del incendio que asoló el paraje de las Médulas el verano pasado.

artificiales, caminos abiertos por los antiguos canales y un lago, el de Carucedo, nacido del bloqueo de un valle por los vertidos mineros y hoy convertido en humedal protegido.

Tristemente, esta comarca ha sido una de las grandes afectadas por los devastadores incendios ocurridos el pasado verano que, avivados por la sequía y el calor extremo, sembraron cicatrices negras en laderas cubiertas de castañares y matorral. Más de mil vecinos fueron evacuados de la zona; pueblos como Paradiña, Oencia, Villafranca o Molinaseca sufrieron daños importantes, tanto en los mismos poblados como en las infraestructuras que los comunican. El impacto llegó incluso al entorno de las Médulas, aunque por fortuna no llegó a destruir ni

sus minas ni su característico paisaje salpicado de castaños, del que solo se vio afectado aproximadamente un 12% y se espera que una gran parte rebrotará en primavera.

Esta situación se suma al problema de la despoblación que arrastra la comarca desde hace décadas: se calcula que unas cuarenta localidades apenas mantienen una decena de habitantes

DAVID CRESPO

durante el año. En este contexto, el turismo se ha convertido en un motor esencial para las economías locales. Quienes buscan naturaleza encuentran en el Bierzo un territorio lleno de tesoros, especialmente sus bosques, que no solo configuran el paisaje, sino que forman parte profunda de la identidad de la región.

Entre castaños, hayas, robles, encinas, alcornoques...

En el valle rodeado de montañas del Bierzo confluyen influencias atlánticas y mediterráneas, y esa mezcla crea un mosaico vegetal único: castañares que alimentaron generaciones, robledales que huelen a brezo y lluvia, encinares secos que anuncian otra luz, y bosques relictos de tejos o hayas que parecen sacados de otro tiempo. Cada bosque responde a la altitud, a la luz y a la humedad, y juntos dibujan un territorio vivo donde el paisaje habla de clima, de cultura y del modo en que sus habitantes han aprendido a convivir con la tierra.

Al norte de la comarca, en la Sierra de Gistredo, encontramos el **bosque de los Salentinos**, enclavado en un valle glaciar. Un lugar donde el aire es frío y claro y donde crecen abedules con acebos, robles, tejos y alisos, además de una gran variedad de matorrales y plantas medicinales. También es un paraíso para las aves y un lugar muy apreciado por montañeros, pues en esta sierra están los dos picos más altos de la comarca: el Valdeiglesias (2134 m) y el Catoute (2112 m), que marca la transición entre la Cordillera Cantábrica y los Montes de León.

Si seguimos hacia los Ancares bercianos, en la frontera con Lugo, el **bosque de Burbia** se extiende a lo largo del río que le da nombre. Es un territorio donde conviven árboles milenarios y una mezcla generosa de castaños, hayas, robles y abedules. Allí habitan también

Nicolás de la Carrera
Vivir y sentir El Bierzo

Nicolás es una figura clave en la dinamización del Bierzo, muy implicado tanto en la organización y promoción de actividades culturales como en la recuperación y difusión de la identidad de la comarca y sus valores naturales. Es presidente de la asociación Bierzo Vivo, desde donde impulsa actividades como el Festival Villar de los Mundos. Él mismo nos cuenta su forma de habitar este territorio.

Mi relación con Soto de Villar comenzó en la infancia, cuando pasaba los veranos en el pueblo. Para mí era un lugar mágico, un escenario donde mi imaginación se desbordaba soñando con aventuras en la selva africana.

Hace 13 años, me establecí aquí tras vivir durante dos décadas en Senegal. Fue entonces cuando noté que el Soto ya no era el mismo: se mostraba triste, enfermo. Siete años después, su deterioro era tal que parecía condenado. Fue en ese momento cuando, desde la asociación Bierzo Vivo, decidimos actuar para iniciar su recuperación y sanación.

Desde entonces, hemos llevado a cabo numerosas acciones de voluntariado: limpieza, reapertura de caminos, poda, reforestación e incluso tratamientos contra el hongo del chancro. Gracias a estos esfuerzos, hemos logrado recuperar ya un 20% de su superficie.

Además, hemos impulsado iniciativas para darle un nuevo uso cultural y terapéutico a este castañar, anteriormente dedicado a la producción maderera. Algunas de estas actividades incluyen los Baños de Bosque (Shinrin Yoku), visitas teatralizadas, recitales poéticos, conciertos, una mini biblioteca, un parque infantil y jornadas de supervivencia, entre otras.

Este trabajo ha sido reconocido con el Premio Biocastanea 2019 y, más recientemente, con el galardón Bosque del Año 2024 en España.

También han pasado 13 años desde que pusimos en marcha el Festival Villar de los Mundos, un evento anual que cada edición se dedica a un país o región del mundo. Este año, quisimos rendir homenaje a la música de raíz de Castilla y León, con actividades programadas para finales de agosto. Sin embargo, los incendios que azotaron El Bierzo nos obligaron a cancelar y reprogramar el festival.

Finalmente, pudimos celebrarlo entre finales de septiembre y mediados de octubre, repartiendo las actividades en varias jornadas. Contamos con la participación de grupos como Fetén Fetén (Burgos), El Naán (Palencia), Rodrigo Martínez (León) y Luis Antonio Pedraza (Zamora). El Soto de Villar volvió a cobrar protagonismo, acogiendo una visita guiada para familias, paseos a caballo, una cata de vino y una ruta en BTT de 25 kilómetros que lo conectó con el bosque de Cobrana, un zofreral (alcornocal) recientemente nombrado Bosque del Año 2025.

Más sobre el festival en: www.villardelosmundos.com

EL ARCÓN DE CASTILLA Y LEÓN

BIERZO VIVO

DAVID CRESPO

especies esquivas como el oso pardo o el urogallo, lo que da a este rincón un carácter casi legendario, como si aún fuese posible perderse en un bosque primigenio.

Al norte de Bembibre, el **xardonal de Labaniego** muestra el Bierzo más mediterráneo, con encinas de troncos retorcidos y sombra espesa. Entre ellas aparecen pinos, castaños, un peral silvestre y hasta antiguos olivos que sorprenden en estas latitudes. La _Senda del Mouro_, una de las que atraviesan este bosque, convierte el paseo en una experiencia artística, con esculturas de madera y formas vegetales que dialogan con la naturaleza.

Hacia el oeste, el **hayedo de Busmayor** se esconde entre desfiladeros y pequeñas cascadas —las _fervenzas_— que rompen el silencio del bosque. En otoño, las hojas de las hayas tiñen el suelo de cobre, y el sendero conocido como _Senda do faixeral_ se convierte en uno de los más bellos de toda la comarca.

La limpieza de senderos y construcción de puentes ha permitido recuperar el soto de Villar. También el zofreral de Cobrana (abajo) es cuidado con orgullo por los vecinos. A la izquierda, Nicolás de la Carrera –presidente de Bierzo Vivo y gran impulsor del Festival Villar de los Mundos– con uno de los conciertos de la pasada edición.

ALMUDENA MÁRQUEZ

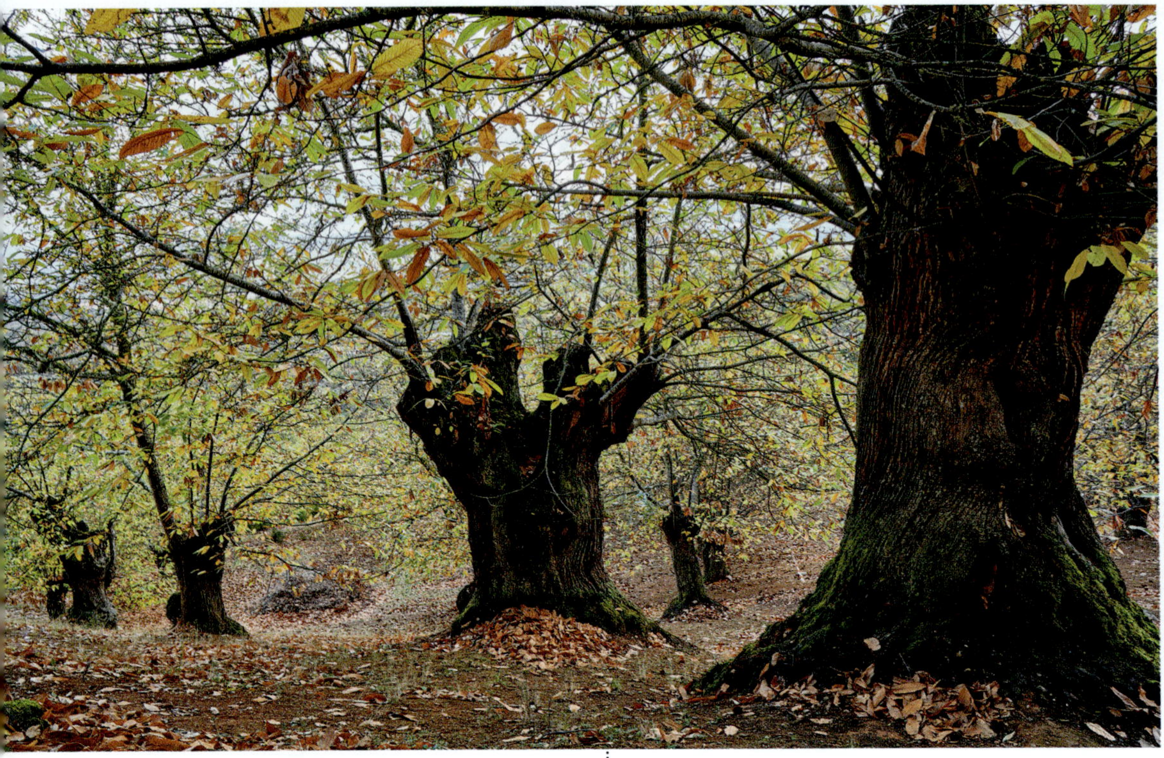
DCAS PHOTOGRAPHY/ ADOBESTOCK

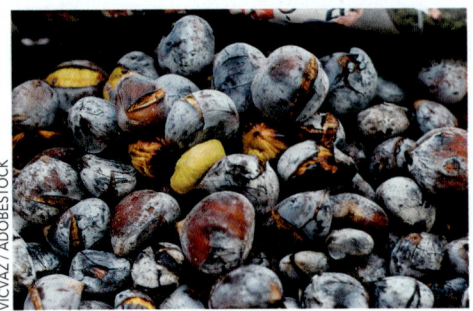

Noviembre: mes del magosto

Desde finales de octubre y durante todo el mes de noviembre, coincidiendo con la recolección de la castaña y la festividad de Todos los Santos, se celebra en el Bierzo el popular «magosto». Es una fiesta gastronómica en la que las comunidades se reúnen alrededor del fuego para asar castañas, reviviendo tradiciones ligadas al bosque y al ciclo agrícola. Entre humo, vino y canciones, el magosto refuerza la identidad colectiva y el vínculo con la tierra.

VICVAZ / ADOBESTOCK

En el paraje de las Médulas, como ya ha quedado mencionado Patrimonio de la Humanidad, el **castañar de las Médulas** es el protagonista, que ya cubría sus montes incluso antes de la llegada de los romanos, aunque estos ampliaron los sotos no solo para aprovechar las castañas como sustento, también para el aprovechamiento de su preciada madera. Hoy siguen marcando el ritmo estacional del paisaje con su verde brillante en primavera y su tono rojizo en otoño.

Más al este, el **bosque de San Facundo** se refugia en torno al río Argutorio, donde los castaños de gran porte ofrecen sombra profunda en verano y conviven con robles y encinas. Junto al mismo habitan las ecoaldeas de Matevenero y Poibueno, conviviendo en armonía con el entorno.

Cerca de Molinaseca, el valle del arroyo de las Tejedas conserva el **robledal de las Tejedas**: un gran rebollar que desciende por laderas anti-

En el Mirador de Cobrana, desde donde se ve el embalse de Bárcena, construido en el curso del río Sil, antes de llegar a Ponferrada. A la izquierda, ejemplares centenarios del castañar de las Médulas, árboles estrechamente vinculados a la historia de la comarca y su romanización, que sigue muy presente en los usos y costumbres actuales.

guas. Entre sus robles melojos crecen arces, alisos y avellanos, y no es raro avistar corzos, jabalíes e incluso rastros de lobo. También conserva restos de antiguos asentamientos humanos, recordando que aquí la presencia humana y el bosque siempre han ido de la mano.

Hacia el sureste de Ponferrada, el **rebollar de Palacios de Compludo** cumple una función casi sanadora para el territorio: sus raíces sujetan laderas erosionadas y preparan la tierra para nuevas vidas. Con él conviven mostajos, acebos y un sotobosque de brezos y escobas que explota en floraciones intensas. En estos parajes se han contado hasta ochenta especies de mariposas, prueba de la vitalidad que aún late en estos montes. La asociación Tyto Alba es la gran responsable de la recuperación y conservación de esta zona y sus bosques.

Además, en el corazón de la comarca, dos bosques han sido recientemente reconocidos con el galardón nacional de «Bosque del Año»,

un premio impulsado por la Fundación Biodiversidad y la ONG Bosques sin Fronteras que pone en valor árboles y masas forestales de especial relevancia cultural y ecológica. El **soto de Villar** recibió el reconocimiento en 2024, y en 2025 ha sido el **zofreral de Corbana** el que se ha alzado con el título. A través de la ruta ci-

MÁS INFORMACIÓN

El consejo comarcal del Bierzo ha impulsado la edición de dos guías interactivas sobre 10 montañas y 10 bosques del Bierzo (con propuestas de rutas, actividades en la zona y mucho más). Puedes descargarlas gratuitamente en: **https://ccbierzo.com/guias-interactivas**

JESÚS MANUEL LÓPEZ TRABADELO

MARÍA MARTOS

clista que proponemos a continuación, nos adentraremos en ellos para entender no solo su belleza, también el vínculo profundo que el Bierzo y sus gentes mantienen con sus bosques.

Ruta ciclista por los bosques del año

La ruta comienza en el zofreral de Cobrana, bosque del año 2025, que crece junto al pueblo de Cobrana, con sus zofreiros o alcornocales, uno de los árboles más singulares del territorio rural del Bierzo. Estamos ante un bosque perenne, de corteza gruesa que, como es bien sabido, se utiliza para la producción del corcho. Para el árbol, este material es en realidad un escudo natural hecho de células muertas y huecas, una armadura que lo protege del fuego y de la intemperie. Su capacidad para regenerar la corteza tras cada extracción es admirable. En el bosque también hay lugar para otras especies como encinas, robles, madroños y castaños, además de una amplia variedad de fauna.

ALMUDENA MÁRQUEZ

Diversos momentos de la quedada cilcista para recorrer los bosques del año, que nace con vocación de continuidad. Junto al zofreral de Cobrana (abajo) encontramos otros alcornocales como el del Escobal o el de los Tesos.

La ruta, de unos 24 km de recorrido, transita sobre todo por pistas entre bosques de dificultad moderada, para los que necesitaremos una buena técnica de descenso al encontrar zonas con pedreras y raíces. También incluye algún tramo de carretera comarcal, si bien no suele tener mucho tráfico. Además de pasar junto a la población de Ponferrada, donde podemos hacer un descanso, durante el recorrido transita junto a varios edificios históricos, como el castillo de San Blas o el monasterio de San Miguel de las Dueñas.

El tramo final de la ruta transcurre por el soto de Villar, bosque del año 2024, que se encuentra junto a la bonita localidad de Villar de los Barrios (declarada Bien de Interés Cultural en la categoría de Conjunto Histórico, junto con los vecinos Salas de los Barrios y Lombillo de los Barrios). Este soto abarca unas 35 hectáreas y ha sido el epicentro de los esfuerzos de la asociación Bierzo Vivo para recuperarlo y transformarlo en bosque terapéutico. Aunque durante unos años estuvo abandonado, tras las labores de limpieza, replantación, instalación de un puente e impulso de actividades, hoy el soto respira vida y ayuda a sanar.

Junto a los característicos castaños crecen también encinas, robles y arces de hoja grande.

La primera quedada ciclista para recorrer esta ruta se celebró el 11 de octubre de 2025, en el marco del festival Villar de los Mundos y organizada en colaboración con el club berziano de ciclismo La20veinte. Una iniciativa que simboliza el hermanamiento entre ambos bosques, con el objetivo de desarrollar actividades conjuntas y consolidar esta cita deportiva de forma anual, cada final de agosto.

Además de esta propuesta sobre ruedas, contamos con diversos recorridos para descubrir estos y otros bosques del entorno caminando, de dificultad y longitud variada, especialmente recomendables en la estación otoñal. 🍁

....

POR LOS BOSQUES DEL AÑO EN BTT

COMIENZO: Cobrana.

FINAL: Villar de los Barrios.
TIPO: lineal (solo ida).
LONGITUD: 24,7 km.
DESNIVEL: +378 m, -621 m.
HORARIO: 2 h.
TRACK: https://desni.in/76u4g

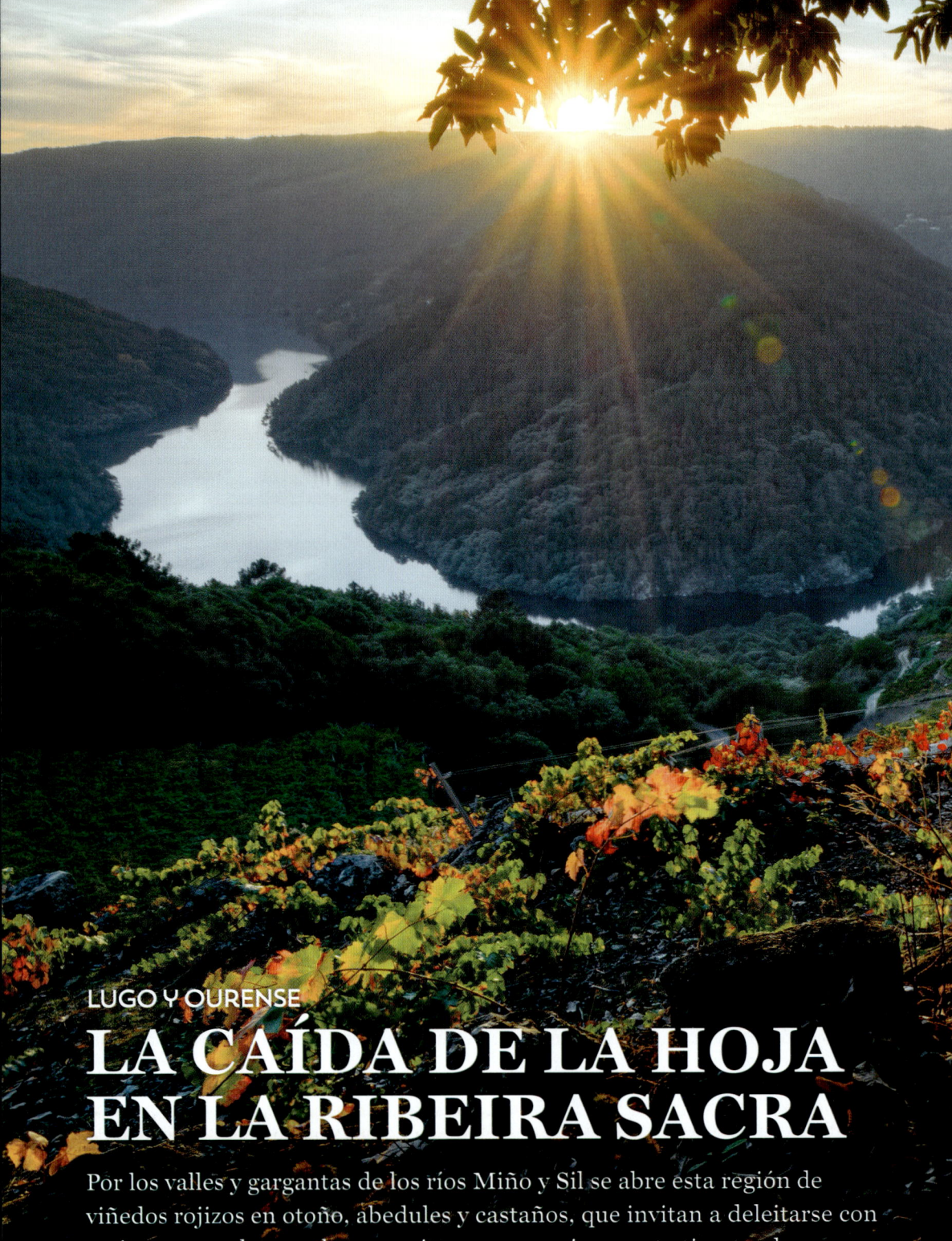

LUGO Y OURENSE

LA CAÍDA DE LA HOJA
EN LA RIBEIRA SACRA

Por los valles y gargantas de los ríos Miño y Sil se abre esta región de
viñedos rojizos en otoño, abedules y castaños, que invitan a deleitarse con
sosiego, como los muchos eremitas que escogieron esta tierra galega
como refugio. Ayudar a sanar las heridas de los recientes incendios que
la han asolado es otro de los muchos motivos para recorrerla.

El atardecer cae tras los meandros
del Sil, con los viñedos maduros de la
Ribeira Sacra en primer término.

LUIS VILANOVA / ADOBESTOCK

A LO largo de los valles y gargantas excavadas por los ríos Sil, Miño, Cabe y Bibei, principalmente en los tramos finales de sus cursos, se extiende la Ribeira Sacra, un territorio que ofrece algunos de los paisajes más espectaculares del interior de Galicia. La región está repartida entre el sur de la provincia de Lugo y el norte de Ourense, integrando las comarcas de Chantada, Sarria, Lemos, Quiroga, y Terra de Trives, entre otras, así como un total de veintiséis ayuntamientos, entre ellos importantes núcleos de población como Monforte de Lemos (la más poblada, capital de la zona), así como Sober, Pantón, Ribas do Sil o Ribadavia, entre otros.

Durante siglos, su aislamiento orográfico favoreció la preservación de tradiciones agrícolas, especialmente la viticultura en bancales vertiginosos, y un modo de vida ligado al bosque y al río. Desde tiempos del Imperio Romano, cuando las legiones avanzaban por los caminos húmedos de la *Gallaecia* y los esclavos levantaban terrazas de piedra sobre las laderas imposibles del Sil y del Miño, la Ribeira Sacra comenzó a transformarse en un santuario del vino. Aquellos antiguos *socalcos* —escalones tallados en la roca para domar la montaña— aún se aferran hoy a las riberas. Fue aquí donde los romanos, fascinados por la intensidad del vino que brotaba de estas tierras, ordenaban que se enviara a Roma el preciado Amandi, un vino que, según se cuenta, llegaba a la mesa del propio César.

FOTOS: EMILIO ROMANOS / ADOBESTOCK

Ríos principales como el Sil y el Miño, así como afluentes y arroyos menores, recorren los profundos cañones y valles de la Ribeira Sacra, aportando humedad y fertilidad a las laderas cubiertas de viñedos. De estas tierras nacen vinos intensos y equilibrados, reconocidos con la Denominación de Origen por su calidad y carácter único.

Actualmente esta tradición ha dado nombre a la denominación de origen de la Ribiera Sacra: un sello de identidad que protege tanto el producto como la cultura, el paisaje y la forma de hacer. Así, cuando en Galicia alguien habla de "un mencía", no señala solo una variedad de uva, sino todo un carácter: un vino de personalidad atlántica, elaborado principalmente con la uva mencía y, en menor medida, con la godello, que guarda en cada sorbo el eco de las montañas y los ríos que lo vieron nacer.

A finales del verano, las hojas de las vides empiezan a teñirse de ocres y rojizos, anunciando el principio del otoño para, poco después —entre septiembre y octubre, cuando la uva alcanza su punto exacto de madurez— proceder a la vendimia.

También los bosques de la Ribeira Sacra lucen sus galas más coloridas en el otoño. Lugares como el abedular (*bidueiral* en galego) de Gabín, los castañares de Montederramo, los senderos que descienden hacia los miradores de Vilouxe o Pena do Castelo o los bosques (*fragas*) que abrazan el curso del Sil, nos regalan estampas inigualables en esta estación. Caminaremos entre hojas húmedas, musgo y piedra antigua, con el eco de los monasterios resonando entre las laderas. Y es que históricamente esta región ha constituido un espacio de contacto entre culturas y órdenes monásticas. En sus escarpadas riberas se asentaron abadías y monasterios cuyos orígenes se remontan, en muchos casos, a la Alta Edad Media.

Sin embargo, en 2025 Galicia ha sufrido la temporada de incendios más devastadora del siglo. A lo largo de los meses de agosto y septiembre, el fuego arrasó más de cien mil hectáreas en la comunidad, impulsado por una combinación explosiva de altas temperaturas, una sequedad extrema del terreno y ráfagas de viento que alimentaron las llamas durante días. El monte gallego, especialmente las zonas del interior, sufrió una presión inédita, y una parte importante de la Red Natura quedó reducida a ceniza en cuestión de horas.

La Ribeira Sacra, habitualmente vinculada a la imagen de un paisaje sagrado, de laderas cubiertas de viñedos y forestas milenarias, no escapó a esta oleada de incendios. Las llamas consumieron más de un millar de hectáreas en este entorno, afectando tanto a monte bajo como a bosques autóctonos e, incluso, a algunas fincas

FERNANDO / ADOBESTOCK

Admirando el río Sil desde uno de sus magníficos miradores. Abajo, el cercano entorno de Courel asolado por incendios, que nos recuerdan la fragilidad del entorno.

LUIS VILANOVA / ADOBESTOCK

de cultivo en terrazas que forman parte de la identidad vitícola de la región.

Este incendio, extinguido finalmente a finales de septiembre, ha dejado un escenario complejo: la pérdida de cubierta vegetal no solo supone un golpe para la biodiversidad, sino que expone el suelo a la erosión, especialmente en un territorio de fuertes pendientes como este.

Las consecuencias no se limitan al ámbito ecológico. La economía local, fuertemente ligada al turismo de naturaleza y a la viticultura, se enfrenta ahora a la incertidumbre de una campaña marcada por la ceniza. La Ribeira Sacra, acostumbrada a resurgir entre monasterios

ocultos y viñedos colgados del abismo, encara ahora el desafío de reconstruir su paisaje y su forma de vida.

La caída de la hoja

Es en este escenario en el que la celebración de *A Caída da Folla* (la caída de la hoja) adquiere un significado más profundo del mero festival otoñal: es una forma de recordar que estos espacios – Reserva de la Biosfera–, han de seguir siendo recorridos, celebrados y cuidados. Iniciativas como esta ayudan a reactivar el vínculo de las gentes con el territorio y a rescatar el otoño como estación de vitalidad.

El evento de *A Caída da Folla* se organiza cada otoño en la Ribeira Sacra con un programa que ofrece un gran abanico de experiencias destinadas al público diverso —individual, en pareja, en familia o entre amigos— invitando a sumergirse en el paisaje en su momento de máximo esplendor cromático. La idea es sencilla

> **MÁS INFORMACIÓN**
> Sobre la edición 2025 de *A caída de la folla* (11 oct al 9 de noviembre), así como de otras muchas iniciativas, actividades y excursiones por la Ribeira Sacra, en:
> **https://turismo.ribeirasacra.org**

Monforte de Lemos, corazón histórico

La ciudad de Monforte de Lemos se alza como capital de la Ribeira Sacra, una ciudad que invita a pasear despacio entre piedra, vino y río. El viajero llega y descubre la silueta del monasterio de San Vicente del Pino y el Palacio Condal dominando la villa desde lo alto, como centinelas de un pasado señorial. A sus pies, el casco antiguo despliega calles tranquilas, plazas porticadas y el encanto inesperado de la Judería, una de las más destacadas de Galicia.

El río Cabe atraviesa la ciudad con calma, reflejando puentes y fachadas en una estampa que invita a detenerse, mientras el Colegio de los Escolapios, joya renacentista conocida como el «Escorial gallego», impresiona por su monumentalidad. Aquí, el arte sacro convive con la tradición vinícola: basta sentarse en una taberna para degustar un Mencía de la Ribeira Sacra y sentir que el tiempo se ralentiza.

La villa de Monforte de Lemos sobresale entre la neblina, coronada por su castillo medieval. Derecha, el río Arnoia (afluente del Miño) a su paso por Allariz.

y poderosa: que el visitante observe, sienta y participe del territorio cuando la hoja cae, cuando el bosque se viste de tonos dorados y rojizos, cuando las rutas se llenan del sonido crujiente de las hojas secas al caminar.

El programa incluye actividades diversas entre las que se incluyen recolección de setas y talleres micológicos, paseos guiados, rutas en bicicleta, experiencias de relajación y conexión como baños de bosque o mindfulness, cursos de orientación en montaña, visitas nocturnas al patrimonio, recorridos fluviales por los ríos Miño y Sil, actividades vinculadas al vino —visitas a bodegas, rutas del vino, degustaciones—, talleres de artesanía (jabones terapéuticos con plantas), y hasta propuestas más singulares como la minería aurífera en antiguos yacimientos o vuelos en globo.

Aunque es probable que, cuando estés leyendo este artículo, muchas de las actividades de esta edición de *A Caída da Folla* ya se hayan

celebrado (la edición de 2025 se celebra del 11 de octubre al 9 de noviembre), la invitación a visitar la región permanece abierta.

Más allá del calendario oficial, este territorio ofrece multitud de experiencias que pueden vivirse por libre o con pequeñas iniciativas locales que siguen activas cuando el programa concluye. Visitar la Ribeira Sacra en otoño es, de algún modo, prolongar el espíritu de la caída de la hoja: caminar despacio, mirar con atención y redescubrir el paisaje con una sensibilidad renovada.

El Camino de Santiago «de invierno»

El Camino de Santiago, una de las rutas de peregrinación más antiguas y emblemáticas de Europa, ha sido transitado durante siglos por caminantes de todos los orígenes. Tradicionalmente, la ruta más conocida es el Camino Francés, que entra en Galicia por los montes de O Cebreiro tras atravesar la meseta castellana. Sin embargo, no todos los peregrinos optaban por ese sendero. Durante los meses de invierno,

cuando la nieve cubría los pasos de montaña y las temperaturas caían en picado, muchos caminantes preferían una variante más resguardada: el llamado Camino de Invierno.

Esta ruta alternativa, menos masificada y más íntima, se abre paso desde El Bierzo hacia Galicia siguiendo el curso del río Sil. Su trazado se inclina ligeramente hacia el sur respecto al Camino Francés, permitiendo sortear las cumbres nevadas de los Ancares y evitando los pasos más duros del Cebreiro. Así, el Camino de Invierno no solo ofrecía seguridad a los peregrinos, sino que también les regalaba una visión diferente del paisaje gallego, marcada por los cañones, los viñedos en terrazas y los valles que el tiempo ha ido modelando con paciencia.

Uno de los tramos más singulares de esta ruta es el que atraviesa la Ribeira Sacra, transitando entre sus ríos, bosques y roquedales. La ruta entra en Galicia por Quiroga, donde el paisaje comienza a anunciar el carácter abrupto que define a la región. Desde allí, el camino acompaña brevemente el curso del Sil hasta el municipio de

RUDIERNST / ADOBESTOCK

La profunda huella eremítica

En la Ribeira Sacra la huella del monacato medieval sigue viva en las iglesias y monasterios repartidos entre los dos ríos vertebradores del territorio, el Miño y el Sil, que remite a un pasado en el que la cultura románica floreció entre laderas y riberas.

Templos de gran belleza como San Paio de Diomondi, Santo Estevo de Atán, San Miguel de Eiré o San Fiz de Cangas son algunos de los destacados ejemplos de estas tierras, donde las comunidades monásticas buscaban lugares que favorecieran la vida ascética y eremítica.

Uno de los más emblemáticos es el conjunto de Santo Estevo de Ribas del Sil, antiguo centro benedictino construido entre los siglos XII y XVIII, que fue rehabilitado para albergar un parador, manteniendo su perfil monástico y su presencia sobre el cañón del Sil. Otro ejemplo es el de Santa Cristina de Ribas de Sil, originario del s. X y ubicado en el espectacular paraje del soto de Merilán.

No menos notable es el Monasterio de Rocas, en el entorno del monte Barbeirón, rodeado de formaciones rocosas que probablemente le dieron su nombre. Hoy día conserva como elementos emblemáticos la iglesia excavada en la roca, el campanario asentado sobre un monolito y los sepulcros antropomorfos tallados directamente en el suelo de la iglesia.

Son solo algunos ejemplos de los casi treinta monumentos, entre iglesias y monasterios, que se encuentran repartidos entre las provincias de Lugo y Orense, y que se consideran la principal concentración del románico rural en Europa.

ÁNGELES ALDARIZ / ADOBESTOCK

ACONGAR / ADOBESTOCK

A la izquierda, el monasterio benedictino de Santo Estevo de Ribas de Sil; y abajo, dos rincones del monasterio de Santa Cristina (en Parada del Sil). Derecha, los árboles cubiertos de verde destacan sobre el intenso rojo de las hojas caídas; y debajo, uno de los bancos instalados por la asociación *Móvete por Nogueira* para contemplar los cañones del Sil.

LUIS VILANOVA / ADOBESTOCK

Ribas de Sil, donde el río se encaja en gargantas profundas que los romanos antaño utilizaron como vía de conexión y comercio. Es en este punto donde el Camino de Invierno cambia de dirección y emprende una ascensión hacia el norte, ascendiendo a Barxa de Lor, una zona donde el peregrino tiene su primer contacto con los viñedos escalonados que caracterizan la Ribeira Sacra.

La ruta continúa hacia Puebla del Brollón, atravesando pequeñas parroquias y tierras de labor que conservan intacto el pulso rural gallego. Poco después, el camino alcanza Monforte de Lemos, una localidad estratégica y corazón histórico de la Ribeira Sacra. En Monforte, los peregrinos cruzan el río Cabe por un puente de origen romano que sigue en pie como vestigio de aquella red de comunicaciones trazada por el Imperio. La ciudad, con su torre del homenaje y su antiguo colegio de los Escolapios, ofrece un respiro al caminante antes de continuar.

Desde Monforte, el Camino de Invierno se dirige hacia Belesar, un núcleo que se asoma al río Miño. El cruce del Miño marca otro hito emocional para los peregrinos: el paisaje se abre y los cañones del río se muestran en todo su esplendor, con las viñas descendiendo en terrazas casi verticales hacia el agua. Esta zona, donde la Ribeira

ADOBESTOCK

Sacra se vuelve pura geografía de piedra y niebla, deja una de las postales más memorables del recorrido. Tras salvar el río, la ruta asciende de nuevo hacia Chantada, puerta de entrada a las tierras del interior lucense y punto desde el cual el camino se encamina hacia Santiago.

El tramo de la Ribeira Sacra en el Camino de Invierno ofrece un recorrido por la memoria del vino, de la piedra y de la fe, recordándonos toda la historia que guarda cada recodo del sendero.

Toda la Ribeira Sacra está surcada por multitud de senderos y rutas de distintos niveles y longitud que permiten seguir conectando con este lugar, sus gentes y sus bosques. 🍁

CAMINO DE SANTIAGO DE INVIERNO

TIPO: lineal (solo ida). **COMIENZO:** Ponferrada.
FINAL: Santiago de Compostela.

LONGITUD: 264 km.
DESNIVEL: +4800 m, - 5077 m
TRACK: https://desni.in/xg6ch
TRAMO RIBEIRA SACRA: https://turismo.ribeirasacra.org/es/ruta/camino-de-santiago-de-invierno-en-ribeira-sacra.

CÁCERES, EXTREMADURA

POR LOS BOSQUES DEL VALLE DEL AMBROZ

Esta comarca extremeña despliega toda su magia en la estación otoñal, cuando los ocho pueblos que la conforman se unen en una gran fiesta de celebración, como una oda a la naturaleza y a la vida rural que late entre castaños centenarios, gargantas de agua clara y senderos que reviven el disfrute del camino.

Con sus 1.354 metros de altitud, el Pico Pitolero se alza como un magnífico mirador natural sobre los valles del Ambroz, Jerte y Trasierra-Tierras de Granadilla. Las aulagas de sus laderas ofrecen un espectáculo efímero y luminoso cuando están en flor.

AL norte de la provincia de Cáceres, el Valle del Ambroz se abre como un corredor natural donde la biodiversidad, la cultura y los caminos se entrelazan en el paisaje. Este valle surcado por el río que le da nombre, se despliega desde los 450 hasta los 2200 metros de altitud, una amplitud que se refleja en la riqueza de sus escenarios: desde bosques relictos de tejos y abedules hasta robledales, castañares, encinares y dehesas donde el horizonte se vuelve dorado al atardecer. Para los amantes del senderismo y la naturaleza, pocos destinos ofrecen una combinación tan intensa de patrimonio natural y calma serrana.

La comarca está formada por ocho pueblos, todos unidos por la riqueza de sus paisajes y cada uno con sus propios tesoros. En la zona más llana encontramos Abadía, con su paisaje de dehesas y su gran piscina natural, además de alojar monumentos como el palacio de Sotofermoso y

ños, algunos centenarios. También en Gargantilla hay bosques de castaños, por encima de los cultivos de cerezo y ciruelo en terrazas. Imprescindible la visita a Hervás, el centro de actividad turística y comercial de la comarca, con un patrimonio reconocido como Conjunto Histórico desde el año 1969, que incluye el Barrio Judío, seña de identidad de la Villa. El pueblo de más altitud es La Garganta (a 1124 m), en las estribaciones de la sierra de Candelario, con miradores desde los que se aprecia la belleza del valle y con curiosidades como su nevero o pozo de nieve, que se utilizaba siglos atrás para acumular nieve en invierno y venderla en verano convertida en hielo. También aquí se encuentra el centro de interpretación del Lobo, donde podremos ver de cerca esta importante especie ibérica. Y finalmente, el pueblo Segura de Toro, el más antiguo del Ambroz, con su simbólico toro celta de piedra en su plaza, un recuerdo de la civilización prerromana de los Vetones, pueblo ganadero.

Para quienes disfrutan de caminar entre árboles monumentales, el Valle del Ambroz guarda un auténtico póker de ases: el Abedular del Puerto de Honduras (con 500 ejemplares adultos),

A la izquierda, la chorrera de Hervás, de unos 20 m de altura, a la que se llega desde el mismo pueblo de Hervás, por una ruta senderista que transcurre entre robles y castaños, de unos 12 km de recorrido (ida y vuelta). Abajo, admirando el paisaje desde el Corral de los Lobos.

su patio mudéjar. En el centro de la comarca está Aldeanueva del Camino, que debe su nombre a la calzada romana cuyo trazado sigue hoy su calle principal, rodeado de alcornocales y cultivos del tradicional pimentón. Por su parte, Baños de Montemayor es reconocido desde la época romana por sus aguas termales, de las que se puede disfrutar en su balneario. En las faldas de los montes de Trasierra encontramos Casas del Monte, donde no podemos perdernos sus casta-

El valle es un gran destino para el avistamiento de aves (como las grullas, en la foto de la derecha), para pasear entre castaños monumentales (abajo) o disfrutar del cielo estrellado en lugares como el Corral de los Lobos, un mirador astronómico natural. Abajo a la derecha, los incendios que asolaron Cáceres el verano pasado.

los Castaños del Temblar (cinco ejemplares de 700 años), el Castaño de la Escarpia (de 800 años) y el Alcornoque de la Fresneda (con 400 años, es uno de los mayores del mundo). Todos ellos declarados árboles singulares de reconocido valor.

Si eres de los que vas sobre ruedas, también el valle es un destino privilegiado, con propuestas para la bici que van desde la Vía Verde Ruta de la Plata que cruza la comarca, a un itinerario ciclista europeo (Eurovelo) y numerosas rutas que transcurren entre sus dehesas y frutales.

Asimismo el contraste de altitudes entre las dehesas y los puertos de montaña, junto a los bosques que se extienden entre ellos, crean un ambiente ideal para aves como el abejero europeo, el gavilán, el azor o el trepador azul. También sobrevuelan sus cielos grandes aves rapaces, como el ágila real o el buitre negro, que hacen de este valle un destacado destino para los amantes de la ornitología.

Igualmente tienen motivos para visitar la comarca los aficionados a la micología, con las setas brotando en el otoño (es una actividad regulada, es preciso informarse previamente); así como a la astronomía, con lugares especialmente propicios por sus buenas condiciones para la observación de estrellas.

El impacto del fuego

El equilibrio de este valioso entorno ha sufrido un duro golpe recientemente. El incendio declarado el pasado agosto (2025) –conocido como Jarilla pues fue en este municipio donde se originó– afectó a más de 16.000 hectáreas, convirtiéndose en el mayor registrado en Extremadura en los últimos años. Afectó tanto al Valle del Jerte como al del Ambroz, alcanzando municipios y dejando tras de sí masas forestales devastadas y una pérdida inmediata de hábitats fundamentales para especies de alto valor ecológico.

Más allá del impacto ambiental, el fuego ha dejado una huella profunda en el tejido humano del valle. El turismo rural —uno de los motores económicos del Ambroz— se vio gravemente afectado, y el sector agroganadero afronta ahora un paisaje empobrecido, donde los recursos naturales que sostenían la vida local quedaron temporalmente arrasados. Aunque se han activado ayudas y planes de restauración, las asociaciones del territorio recuerdan que la verdadera recuperación no se mide solo

en fondos, sino en acompañamiento, presencia y compromiso con un paisaje que necesita ser vivido y recorrido para seguir existiendo.

En este escenario, con el valle aún en proceso de cicatrización, la celebración del «Otoño Mágico» cobra más significado que nunca. Se trata de una cita que se celebra ininterrumpidamente desde 1998 entre finales de octubre y finales de enoviembre, y que ha estado a punto de suspenderse en su 28ª edición. Sin embargo, sigue adelante gracias al impulso de los habitantes del valle, que se vuelcan un año más para mostrar los valiosos tesoros de sus pueblos.

La magia del otoño

Desde sus inicios, el Otoño Mágico ha querido ser algo más que una simple celebración estacional: se presenta como una verdadera "fiesta de la naturaleza", un momento en el que el Valle del Ambroz despliega sus colores, olores, sonidos y sabores para transformarse durante

Vía Verde Ruta de la Plata
DESDE BÉJAR A PLASENCIA EN BTT

La Vía Verde sigue el itinerario de la antigua vía de tren que comunicaba Plasencia con Astorga, hoy transformada en Camino Natural, que nos permite recorrer casi la totalidad del Valle del Ambroz.

Esta propuesta es un recorrido lineal, con poco desnivel, de dificultad moderada, que comienza en el pueblo de Béjar. La primera parte del recorrido, entre Béjar y Puerto de Béjar, es llana. A partir de ahí se inicia el descenso, que recorre los pueblos del Valle del Ambroz y llega casi hasta Jarilla, pasado Casas del Monte. Esta parte es la más espectacular, pues por el camino vamos viendo trincheras, túneles y puentes, además de ir rodeados de bosques.

La segunda parte del recorrido, a partir de Jarilla hasta Plasencia, es casi llana, con pequeñas subidas y bajadas. Esta parte está más abierta al viento y presenta el habitual paisaje de dehesa, que en otoño luce bellos colores. El tramo más atractivo es el final, con la llegada a Plasencia atravesando el Paisaje Protegido de Valcorchero, en el que abudan los alcornoques que le dan nom-bre (Valle del Corcho), pero también cuenta con numerosos fresnos, robles y encinas. También iremos atravesando los puentes sobre el río Jerte.

La antigua estación de Béjar se ha rehabilitado en un bar - albergue, si bien solo abre en temporada turística (no días laborales). Junto a la antigua estación de Baños de Montemayor hay un amplio merendero con sombra y una fuente con agua potable. Otros puntos de avituallamiento son el Hostal Asturias en Jarilla, y el Hostal Restaurante el Avión en Villar de Plasencia.

El otoño y la primavera son las épocas más recomendables para realizar esta vía verde.

VÍA VERDE RUTA DE LA PLATA

COMIENZO: Béjar (área de autocaravanas, GPS: 40°23'03.6"N 5°46'50.1"W).
TIPO: lineal (solo ida).
LONGITUD: 59,21 km.
DESNIVEL: +372 m, - 902 m
HORARIO: 3,30 h.
TRACK: https://desni.in/846gv

A la izquierda, recorriendo la Vía Verde Ruta de la Plata, que atraviesa el valle aprovechando antiguos trazados ferroviarios. Arriba, uno de los múltiples ríos que acompañan con su frescor al caminante.

semanas en un gran escenario sensorial. Su carácter mágico nace de esa comunión entre paisaje y vivencia, de cómo los bosques centenarios visten su mejor gala antes de perder las hojas, y de la implicación colectiva de sus pueblos por mostrar su esplendor en esta estación de castañas y setas.

El Otoño Mágico está catalogado como Fiesta de Interés Turístico Internacional (desde 2024), un sello que distingue la capacidad del evento para atraer visitantes, fomentar el turismo sostenible y poner en valor los recursos culturales y naturales del valle.

La programación incluye espectáculos de música, teatro, magia y pasacalles, junto a mercados de artesanía y productos locales, degustaciones y rutas gastronómicas centradas en los sabores del otoño. La naturaleza se vive a través de rutas guiadas, actividades de bienestar como baños de bosque y yoga, observación astronómica y propuestas deportivas como bicicleta, carreras de montaña u orientación. También

hay actividades dedicadas al público infantil, con juegos, talleres y desfiles, y se mantienen vivas las tradiciones con fiestas populares como la Trashumancia y la Gran Calbotá, donde las castañas y la música son protagonistas.

Una de sus actividades más populares es la «Marcha senderista por los boques del Ambroz», una caminata colectiva que recorre los parajes más bellos del valle en pleno esplendor otoñal, verdadero símbolo del espíritu de esta celebración.

OTOÑO MÁGICO EN EL VALLE DEL AMBROZ
Se celebra desde el último fin de semana de octubre hasta el último de noviembre, con un completo programa que incluye más de 70 actividades:
www. visitambroz.es/otono-magico

La Molinería (a la derecha), en Baños de Montemayor, es un molino del s.XVIII reconstruido y dotado de maquinaria que funciona movida por agua; está adaptado para las visitas, con audiovisuales que muestran el cultivo y molienda de cereales. Abajo, la Chorrera de Hervás.

RUTA SENDERISTA POR LOS BOSQUES DEL AMBROZ

Este es uno de los senderos más transitados del Valle del Ambroz, ya sea en su totalidad o por tramos, que permite disfrutar de una muestra de los muchos paisajes que ofrece el valle. Todo el camino está señalizado con marcas blancas y amarillas como corresponde a un sendero PR, en concreto está homologado con la matrícula PR-CC 37. Podemos realizarlo durante la marcha senderista del Otoño Mágico o bien por nuestra cuenta.

El camino arranca en La Garganta, el pueblo más alto de la comarca, desde donde parte con una ligera pendiente que nos aleja del núcleo urbano, dejando atrás calles empedradas, corrales tradicionales y parte del entorno forestal inmediato del pueblo. Los primeros metros transcu-

FOTOS: TURISMO PROVINCIA DE CÁCERES

rren entre robles, con sotobosque de helechos y brezos, entrando muy pronto en un bosque denso que marca el carácter de esta ruta.

A medida que avanza, se gana altura con suavidad, cruzando veredas antiguas o sendas forestales bien marcadas. En este tramo se pasa por alcornoques, robles, castaños jóvenes y mayores, y algunos arroyos menores afluentes del río Ambroz. Las vistas irán abriéndose de forma intermitente hacia los valles adyacentes, permitiendo contemplar el relieve montañoso de Béjar al norte y las cumbres de Las Hurdes al oeste.

Al acercarse a Hervás, el sendero desciende poco a poco, conectando con caminos que siguen la ribera del río Ambroz o trazados cercanos a él. La vegetación se vuelve más exuberante, con presencia de fresnos, sauces, árboles de ribera y vegetación húmeda en los márgenes. Durante este tramo el ruido del agua puede escucharse con mayor frecuencia: pequeños saltos, gargantas ocultas, canales que aprovechan los desniveles para discurrir.

Al llegar a Hervás, cruzando por el puente de la Fuente Chiquita, se puede entrar en el casco urbano o bien bordearlo. Si optamos por atravesarlo, disfrutaremos del barrio judío, con sus calles estrechas, balcones de madera y ambiente tradicional. Es un momento para hacer una pausa, observar la arquitectura local, quizá reponer fuerzas con algo de gastronomía tradicional o descansar junto al río. La transición entre entorno natural y urbano da un respiro antes de retomar la senda.

Dejamos atrás Hervás y seguimos hacia Gargantilla, atravesando el Puente del Monte, y tras un pequeño tramo de carretera, nos adentramos

Entre las propuestas del «Otoño Mágico» encontramos rutas de bicicleta de montaña, senderismo, orientación...

en el Castañar Gallego y en el Castañar del Duque, para llegar a la parte alta de Gargantilla, quizá la zona más bonita y emblemática de la ruta. Las panorámicas hacia el valle aparecen de nuevo: a un lado, la sierra de Béjar; al otro, la extensión de los valles que bajan hacia tierras de La Vera y las comarcas del norte de Extremadura.

La parte final del sendero lleva desde Gargantilla hasta Segura de Toro. Aquí el relieve alterna subidas y bajadas moderadas, e irán apareciendo praderas y paisajes de dehesa, donde los bosques se relajan y se mezclan con pastizales y campo abierto.

Al acercarse al pueblo, el caminante irá viendo señales de la población: caseríos dispersos, bordes de cultivos o huertas tradicionales, pequeñas charcas, y vestigios de la historia local. El descenso final está bien marcado, con tramos empedrados que conducen al casco urbano. Entre las casas de piedra de Segura de Toro, su iglesia parroquial y la plaza que acoge a su simbólico verraco, concluye el recorrido. Es un cierre con sabor histórico y paisajístico al mismo tiempo: después de caminar entre bosques densos que en otoño ofrecen una gama cromática espectacular, de haber subido y bajado colinas, cruzado valles y apreciado la acción del agua, finaliza inmerso en ese mundo rural tradicional que define gran parte del Valle del Ambroz. 🍁

....

POR LOS BOSQUES DEL AMBROZ

COMIENZO: La Garganta
TIPO: lineal (solo ida).
LONGITUD: 21 km.
DESNIVEL: +399 m, -889 m.
HORARIO: 6 h.
TRACK: https://desni.in/b6mw3

XXVI MARCHA SENDERISTA: 23 de noviembre de 2025. Inscripciones y más info en: https://visitambroz.es /actividades/xxvi-marcha-senderista-bosques-del-ambroz.